Agiles Projektmanagement

Scrum für Einsteiger

von Markus Heimrath

1. Auflage

Inhaltsverzeichnis

Glossar

Agile: bezeichnet eine Methode der Softwareentwicklung, die produktorientiert ist, autarke Teams hat und sich in kleinen Schritten entwickelt

Agile Development: Entwicklung von Software nach dem Agile Prinzip

Artefakt: als Artefakte gelten Produkt-Backlog, Sprint-Backlog und Inkremente

Burndownchart: Darstellung des Projektfortschritts

Conditions of Satisfaction: Bedingungen für die Ablage im Produkt-Backlog

Daily Scrum: tägliches Meeting des Scrum-Teams

Definition of Done: definiert Bedingungen, unter denen ein Item oder Inkrement fertig ist

Definition von Ready: Bedingung, damit ein Produkt im Sprint als fertig gilt

Development-Team (auch Entwicklungs-Team): Die Mitarbeiter, die programmieren, testen und gestalten

Feature: Funktionen, die eine Software aufweisen muss

Framework: der Rahmen, in dem eine Software entwickelt wird. Scrum ist eines der möglichen Agilen Frameworks.

Gantt-Chart: Anzeige des Projektfortschritts im Wasserfall-Modell

Inkrement: Teil eines Produkts, das in einem Sprint entwickelt wird

Item: ein Teil der zu entwickelnden Software, niedergelegt im Produkt-Backlog

Lean Manufacturing: moderne Fabrikationsmethode, die schlank ist und damit vor allem wenig Hierarchien hat

Produkt-Backlog: Liste aller geforderten Funktionen und Beschreibungen eines Produkts

Produkt-Owner: seine Aufgabe ist es, sich um das Produkt zu kümmern, das Team zu leiten und die Kosten zu verwalten.

Requirements: Funktionen, die vom Kunden festgelegt werden, in der Regel bei einem Wasserfallprojekt

Rolle: Scrum sieht verschiedene Rollen vor, die sich inhaltlich und organisatorisch klar voneinander abgrenzen lassen, vor allem den Produkt-Owner und den Scrum-Master

Scrum: aus dem Englischen für Gewühle, heute eine Methode zur Softwareentwicklung

Scrum-Manifest: erste schriftliche Festlegung der Scrum-Idee

Scrum-Master: leitet das Scrum-Team organisatorisch, aber nicht inhaltlich; verantwortlich für den Prozess

Sprint: Zeitraum, in dem bestimmte Aufgaben in Scrum erledigt werden, meist 2 bis 4 Wochen

Sprint-Backlog: Liste aller Tasks, die für ein Sprint aufgeschrieben wurden

Sprint Retrospektive: Analyse des vergangenen Sprints bezüglich des Prozesses

Sprint Review: Analyse der vergangenen Sprints bezüglich der Produkte

Stakeholder: alle außer dem Scrum-Team, die in ein Projekt eingebunden sind

Story Points: Berechnungsgrundlage für das Burndown Chart

Task: Aufgabe

Timeboxed: zeitrelevant. Eine Aufgabe oder ein Meeting hat eine bestimmte Zeitvorgabe

User Story: Beschreibung des Produkts aus User-Sicht

Wasserfall-Methode: klassisches Projektmanagement, das wie ein Wasserfall gestaltet ist und von Anfang bis Ende gemäß einem Projektplan und anhand von Meilensteinen durchgezogen wird

1. Einleitung

Wer heute eine Idee für ein Produkt hat, kann es innerhalb eines Monats auf den Markt bringen. Moderne Software als Design-Werkzeug, Digitale Nomaden als Arbeitskräfte und eine globale, vernetzte Logistik machen das möglich. Damit immer schneller produziert werden kann, müssen Prozesse verändert werden. Die Ersten, die das erkannten, waren japanische Autobauer. Sie stellten aber noch etwas fest: Wenn man Fehler erst am Ende eines Prozesses behebt, dann verlangsamt das die Produktion erheblich. Außerdem produzierte man unglaubliche Mengen an Überschuss hinsichtlich Zeit und Ressourcen. Bei Toyota wurde das Lean Manufacturing eingeführt, das für eine reibungslose Produktion sorgen sollte, einem Fluss gleich. Um das zu erreichen, wurden immer wieder Produktteile während der Produktion überprüft und, wenn man einen Fehler gefunden hatte, dieser sofort behoben – auch wenn dafür die Bänder kurz still stehen mussten.

Dieser neue Ansatz, der weg von einer zentralen, unveränderlichen Planung hin zu einem dynamischen und flexiblen System führte, ist es, was wir heute in Agile Development finden. Scrum ist Teil dieser Agile Bewegung, die eine Antwort auf starres Projektmanagement bietet. Sie ist das Gegenteil des so genannten Wasserfall-Ansatzes. Im Kontext der Wasserfall-Methode ist ein Projekt in Phasen gegliedert, die aufeinander aufbauen und voneinander abhängig sind. Es gibt bestimmte

Meilensteine, die erfüllt werden müssen, und ebenso klare Ziele für die einzelnen Projektphasen. Der Name leitet sich von den Kaskaden ab, die ein Projektplan bildet und die wie ein Wasserfall von einem Startpunkt nach unten wandern.

Du wirst wahrscheinlich schon selbst in solchen Projekten gearbeitet haben. Sie sind immer noch die am weitesten verbreitete Methode und einer der Gründe dafür ist, dass man es immer so gemacht hat. Firmen, vor allem große Unternehmen, hassen jede Veränderung und deshalb bleiben sie bei Excel-Sheets, Powerpoints und Wasserfall-Projekten.

In diesem Buch wirst Du lernen, warum Agile und das Scrum Framework dem Wasserfall- Ansatz in vielen Belangen überlegen sind. Sie sparen Kosten, liefern eine höhere Qualität und reduzieren unnötige Verwaltungsprozesse (was nicht heißen soll, dass es keine Verwaltungsarbeit gibt). Solltest Du bislang Projektleiter gewesen sein, der seine Mitarbeiter von einem Meilenstein zum anderen treiben musste, immer den Projektplan im Auge, so wirst Du bei Scrum entspannter arbeiten können, weil der Fokus auf dem Teamwork liegt.

„Agile" bedeutet unter anderem, dass man die Leute die Arbeit machen lässt, die eine Ahnung davon haben. Hier sitzt kein Business-Developer monatelang an den Requirements für eine Software, der selbst kein Programmierer ist. Vielmehr arbeitet von Anfang an ein Team zusammen, welches sich abspricht, das größtmögliche Transparenz bietet und zielorientiert ist.

Der Wasserfall-Ansatz birgt immer die Gefahr, dass der Projektplan das Wichtigste ist. Bei Scrum ist es das Produkt, was im Mittelpunkt steht. Um noch ein Vorurteil aus dem Weg zu schaffen: Scrum ist kein Debattierclub. Nur weil viele Mitarbeiter sich einbringen können, heißt das nicht, dass ständig diskutiert wird. Meetings sind vorhanden, aber meistens fallen sie viel kürzer aus als jene in Wasserfall-Projekten. Es ist wichtig, dass ein gemeinsames Verständnis des Projektes vorherrscht, weil viele Augen eben mehr sehen als zwei. Das bedeutet auch, dass sich im Entwicklungsteam die Mitglieder untereinander helfen, wenngleich das nicht unbedingt ihre Aufgabe ist. Ziel ist es, gemeinsam den Sprint (Meilenstein) zu beenden und „potentially shippable products“ (auslieferungsfähige Produkte) bereitzustellen.

2. Mischformen von Scrum und Wasserfall-Projekten

In der Scrum-Bewegung gibt es, wie bei allen Systemen, Prozessen und Frameworks, immer wieder Diskussionen um die Reinheit der Lehre. Die Rollen und Prozesse in Scrum sind klar definiert und es sind auch nicht allzu viele. Deshalb betrachten viele Scrum-Entwickler diese Regeln als absolut sehen und wollen keine Veränderungen zulassen. Bisweilen ist die Realität aber so, dass reine Lehre nicht hilft.

Ein Beispiel:
Du entwickelst eine Software innerhalb eines großen Unternehmens. Dieses Unternehmen schreibt vor, dass monatliche Reports erstellt werden. Das widerspricht den Scrum-Regeln. Jetzt kannst Du entweder auf Scrum und Agile als Framework verzichten oder einen Kompromiss eingehen und als Produkt-Owner einmal im Monat einen Report schreiben. Da dieser nicht für das Scrum-Team gedacht ist und keinen Einfluss auf den Fluss des Projektes hat, ist das ein Kompromiss, der eingegangen werden kann.

Ein anderes Beispiel:
Du sollst eine hausinterne Software entwickeln und hast ein Scrum-Team zusammengestellt. Dein Abteilungsleiter verlangt aber am Ende eines Sprints, alle Produkte zu sehen und freizugeben. Diesen Kompromiss solltest Du nicht eingehen, denn er verletzt die Grundregeln von Definition of Done und der Selbstverantwortung des Teams.

Als Scrum-Experte kann es Dir auch passieren, dass man Dich und Scrum in ein Wasserfall-Projekt einbinden möchte. Das ist grundsätzlich möglich. Man kann zum Beispiel die einzelnen Kaskaden als Scrum-Projekte verstehen und so beide Systeme miteinander verbinden. Es sind nicht so sehr die Bezeichnungen, die Scrum erfolgreich machen, sondern vielmehr die damit verbundenen Werte und Einstellungen. Solange die Entwicklung des Produkts und sein Wert Priorität genießen und ein Team so weit wie möglich eigenverantwortlich und selbst organisiert arbeiten kann, ist eine Mischform ebenfalls möglich. Es kommt oft vor, dass trotz des Scrum-Frameworks ein Projektplan erstellt wird. Gerade Stakeholder, die nicht mit Scrum vertraut sind, verlangen oft ein solches Dokument, weil sie es besser verstehen können. Solange klar ist, dass Meilensteine als nicht voneinander abhängige Sprints zu betrachten sind und der Plan eher als Zeitvorgabe denn als Drehbuch gilt, ist das durchaus möglich.

Noch eine Anmerkung zu den verwendeten Begriffen. „Scrum“ und „Agile“ kommen aus dem englischen Sprachraum und Du wirst selbst wissen, dass gerade im Bereich der Softwareentwicklung Englisch die Hauptsprache ist. Aus diesem Grund sie die meisten Begriffe hier im englischen Original verblieben und nur wenige eingedeutscht (Produkt-Owner statt Product-Owner, Entwicklungsteam statt Development-Team).

Das Glossar mit der Erklärung der englischen Begriffe, soll Dir den Einstieg in die Fachsprache von Scrum erleichtern, da die Bezeichnungen im späteren Verlauf immer wieder verwendet werden.

Ein wesentlicher Grund dafür ist, dass Softwareentwicklung heute internationalisiert ist. Wenn Du die englischen Begriffe kennst, kannst Du überall in einem Scrum-Team arbeiten. Kennst Du nur die deutschen, ist Dein Einsatzgebiet begrenzt, zumal es ohnehin nur wenige spezifisch deutsche Scrum-Begriffe gibt.

Wenn es um Scrum geht, kommt immer wieder folgende Geschichte auf:

Die Geschichte vom Schwein und vom Huhn

Das Schwein und das Huhn saßen beieinander und dachten über die Zukunft nach. Plötzlich sagte das Huhn: „Hey, ich habe eine Idee. Lass uns ein Restaurant aufmachen und es Ham and Eggs nennen.“ Das Schwein dachte einen Moment lang nach und entgegnete schließlich: „Danke, aber ich lehne ab. Du wirst dabei nur involviert sein, ich aber ich muss mich komplett einbringen und binden.”

In einem Scrum-Team stellen die Entwickler die Schweine dar und die Stakeholder die Hühner. Die Begriffe müssen in einem Team nicht verwendet werden, sie sollen nur das Verhältnis visualisieren. Die englischen Swordfishstudios haben einst die Begriffe „Piraten“ und „Ninjas“ genutzt. Die Piraten stellten die Hühner dar: Sie kommen, besetzen alles, stiften Unordnung und gehen dann wieder. So zeichnete man sehr überspitzt die Rolle der Stakeholder. Gefragt, warum man als Gegenpol die Ninjas wählte, antworteten die Entwickler: „Weil Ninjas cool sind.” Das Verhältnis zwischen Piraten und Ninjas ist aufgrund dieser Geschichte auch zum Internet-Meme geworden.

3. Eine kurze Geschichte von Scrum

Den Begriff „Scrum“ haben zwei Programmierer eingeführt. Jeff Sutherland und Ken Schwaber haben ihn in den frühen 90er Jahren das erste Mal verwendet. Im Jahr 1995 benutzten sie das Wort erstmals im Rahmen einer Konferenz in Austin (Texas) und veröffentlichten außerdem einen Aufsatz mit dem Titel „Scrum Software Development Process.”

Das Wort Scrum ist kein Akronym, kann also nicht in andere Begriffe aufgelöst werden. Es stammt aus der Rugby-Sprache. Dort heißt Scrum „Gewühle” und ist eine Spielsituation, in der alle Spieler zusammenarbeiten müssen, ungeachtet ihrer sonstigen Position.

Inspiriert wurden die beiden Amerikaner von Ikujiro Takeuchi und Hirotaka Nonaka, zwei japanischen Managementberatern, die 1986 einen Aufsatz mit dem Titel „Das neue Produkt-Entwicklungsspiel” verfasst hatten und das Wort „Scrum“ benutzten, um Teamwork anschaulicher zu machen. In diesem Papicr wurde erstmals darauf hingewiesen, wie wichtig die Teamfunktionen bei der Entwicklung von Produk-ten sind. Die beiden Forscher konnten darlegen, dass ein Unternehmen die besten Ergebnisse hinsichtlich der Entwicklung neuer, komplexer Produkte verzeichnen kann, wenn Teams – vor allem kleine und sich selbstorganisierende – Ziele bekommen und nicht Aufgabenlisten, die abgearbeitet werden müssen. Die besten Teams sind jene, denen die Richtung vorgegeben wird, die aber ihren eigenen Weg zum Ziel beschreiten können. Nonakas und Takeuchis These: „Teams brauchen Autonomie, um hervorragende Ergebnisse zu liefern."

Diese Grundgedanken stießen bei Jeff Sutherland und Ken Schwaber auf Begeisterung, genau das war es, was die beiden auch für die Entwicklung von Software wollten. Sie warben um das Konzept bei anderen Mitgliedern der Software-Community und im Februar 2001 wurde das Manifest für die Agile Software Entwicklung veröffentlicht.

Das Manifest ist kurz und prägnant gehalten, ähnlich, wie später Sprints und Produkt-Backlog-Einträge gestaltet sein sollten.

3.1 Manifest für Agile Softwareentwicklung

„Wir erschließen bessere Wege, Software zu entwickeln, indem wir es selbst tun und anderen dabei helfen.

Durch diese Tätigkeit haben wir die folgenden Werte zu schätzen gelernt:

- Individuen und Interaktionen mehr als Prozesse und Werkzeuge
- funktionierende Software mehr als umfassende Dokumentation
- Zusammenarbeit mit dem Kunden mehr als Vertragsverhandlung
- Reagieren auf Veränderung mehr als das Befolgen eines Plans.

Das heißt, obwohl wir die Werte auf der rechten Seite wichtig finden, schätzen wir die Werte auf der linken Seite höher ein.“

Unterzeichnet wurde die Darlegung, welche als „Manifesto for Agile Software Development“ bekannt ist, von führenden Entwicklern im Jahre 2001, namentlich Kent Beck, Mike Beedle, Arie van Bennekum, Alistair Cockburn, Ward Cunningham, Martin Fowler, James Grenning, Jim Highsmith, Andrew Hunt, Ron Jeffries, Jon Kern, Brian Marick, Robert C. Martin, Steve Mellor, Ken Schwaber, Jeff Sutherland und Dave Thomas.

Um das Manifest noch etwas genauer zu erklären, wurden **12 Prinzipien** festgelegt:

1. „Unsere höchste Priorität ist es, den Kunden durch frühe und kontinuierliche Auslieferung wertvoller Software zufrieden zu stellen.“

2. „Heiße Anforderungsänderungen selbst spät in der Entwicklung willkommen. Agile Prozesse nutzen Veränderungen zum Wettbewerbsvorteil des Kunden.“

3. „Liefere funktionierende Software regelmäßig innerhalb weniger Wochen oder Monate und bevorzuge dabei die kürzere Zeitspanne.“

4. „Fachexperten und Entwickler müssen während des Projektes täglich zusammenarbeiten.“

5. „Errichte Projekte rund um motivierte Individuen. Gib ihnen das Umfeld und die Unterstützung, die sie benötigen und vertraue darauf, dass sie die Aufgabe erledigen.“

6. „Die effizienteste und effektivste Methode, Informationen an und innerhalb eines Entwicklungsteams zu übermitteln, ist ein Gespräch von Angesicht zu Angesicht.“

7. „Funktionierende Software ist das wichtigste Fortschrittsmaß.“

8. „Agile Prozesse fördern nachhaltige Entwicklung. Die Auftraggeber, Entwickler und Benutzer sollten ein gleichmäßiges Tempo auf unbegrenzte Zeit halten können.“

9. „Richte ein ständiges Augenmerk auf technische Exzellenz und gutes Design zur Förderung der Agilität.“

10. „Einfachheit -- die Kunst, die Menge nicht getaner Arbeit zu maximieren -- ist essentiell.“

11. „Die besten Architekturen, Anforderungen und Entwürfe entstehen durch selbstorganisierte Teams.“

12. „In regelmäßigen Abständen reflektiert das Team, wie es effektiver werden kann und passt sein Verhalten entsprechend an.“

Während das Agile Framework den theoretischen Rahmen bildete, in dem Softwareentwicklung stattfinden sollte, war Scrum die konkrete Anleitung dazu. 2001 kam das erste Buch, „Agile Softwareentwicklung mit Scrum", auf den Markt. Ken Schwaber war Mitautor. Jeff Sutherland gründete bald eine eigene Firma, die Seminare zum Thema Scrum anbot und Zertifikate für die Teilnehmer ausgab.

Heute ist Scrum der Standard in der Entwicklung von Software. Es ist das am meisten implementierte Framework im Bereich der Agilen Entwicklung und hat auch in andere Industriebereiche Einzug gehalten.

4. Die Grundlagen von Scrum

Wie schon im Agilen Manifest niedergeschrieben, sind die Grundlagen und -annahmen von Scrum wichtig, damit Du das System verstehen und anwenden kannst. Zunächst einmal musst Du wissen, was Scrum nicht ist: ein Projekt, das auf einem detaillierten Plan beruht, den es abzuarbeiten gilt. Zwar gibt es durchaus einen Plan, aber der ändert sich ständig und ist nicht so wichtig wie die einzelnen Bestandteile. Herkömmliche Projekte folgen von vornherein festgelegten Tasks und Gantt-Charts. Das ist bei Scrum anders. Hier werden Ziele festgelegt, und dann ist es den Teams überlassen, herauszufinden, wie man diese Ziele am besten erreichen kann. Du kannst Dir die Art und Weise, wie man bei Scrum arbeitet, so vorstellen:

> Nehmen wir an, Du willst mit Deinem Mountainbike einen Abhang hinunterfahren. Du stehst oben auf dem Hügel und siehst unten vor allem Wald. Jetzt einen Plan zu ersinnen, wäre nicht nur Zeitverschwendung, sondern könnte auch gefährlich werden. Was Du weißt, ist: Dein Ziel ist das Zeltlager da unten, wo die anderen mit Essen und Getränken warten. Wenn Du los fährst, dann wirst Du immer nur die nächsten 30 bis 50 Meter im Auge haben. Ab und an schaust Du vielleicht, ob die Richtung noch so ungefähr stimmt, aber wichtiger ist, dass Du über den Baum, der da plötzlich liegt, springen und dem

Reh, das den Pfad kreuzt, ausweichen kannst. Nur indem Du ständig Änderungen an Deinen Kurs vornimmst und Deine Fahrweise den tatsächlichen Bedingungen anpasst, schaffst Du, es gesund und rechtzeitig am Ziel anzukommen – und ein saftiges Steak und ein kühles Bier zu genießen.

4.1 Warum Scrum?

Bevor es richtig losgeht, lass uns noch kurz überlegen, warum Scrum anderen Frameworks überlegen ist, vor allem jenen, die nicht auf agilen Methoden beruhen. Der größte Vorteil von Scrum ist, dass es sich schnell an veränderte Situationen anpassen lässt, der zweite ist, dass es hervorragende Ergebnisse liefert, und der dritte, dass es Mitarbeiter zufriedenstellt.

Die Entwicklung von Software, aber auch anderen Produkten und Dienstleistungen muss heute immer schneller vonstattengehen. Der Markt will ständig neue Produkte, und wer sich hinsetzt, erst einmal Arbeitsgruppen gründet und nach 6 Monaten einen 3000 Seiten umfassenden Projektplan vorlegt, wird verlieren. Märkte ändern sich, Vorgaben von Hard- und Softwareherstellern ebenfalls (zum Beispiel jedes Jahr ein neues iOS und eine neue Android- Version). Ein Projektplan ist an dem Tag, an dem er fertig ist, veraltet. Bei Scrum ist das Ziel klar (zum Beispiel willst Du eine neue Navi-Software entwickeln), aber nicht, wie genau es erreicht wird. Welche Farbe die UI hat, ist nicht wichtig und auch nicht die Fonts oder welches Registrierungsverfahren genutzt werden soll.

Durch das permanente Testen und Entwickeln in kleinen Schritten werden alle Bestandteile des Produkts erst dann weitergegeben, wenn sie fertig und „done" sind. So wächst ein Produkt, das aus ständig getesteten und verifizierten Bestandteilen besteht. Am Ende bedarf es keiner Qualitätsprüfung mehr, weil diese während der Entwicklung stattfand.

Deine Mitarbeiter werden Scrum lieben, weil sie Verantwortung übernehmen und ihre Expertise und Kompetenzen ausleben können. Sie müssen nicht mit Vorgaben leben, die Businessdeveloper ohne Fachkenntnisse formuliert haben, oder mit Deadlines, die nicht einzuhalten sind. Sie können sich selbst organisieren und müssen nicht Zeit damit verschwenden, einem Boss zu gefallen, der zwar über ihnen steht, aber keine Ahnung von dem hat, was sie machen.

Das **Scrum Framework** besteht im Wesentlichen aus **drei Teilen**:

- Artefakten
- Rollen
- Sprints

Unter **Artefakten** versteht man bei Scrum das **Produktbacklog**, das **Sprintbacklog** und die **Inkremente**. Grob gesagt, kannst Du darunter die verschiedenen Produktfeatures und -beschreibungen, die Tasklisten und die jeweiligen Prototypen verstehen. Allerdings musst Du Dir bewusst machen, dass vor allem die Backlogs nicht statisch sind, sondern sich ständig verändern. Features kommen hinzu und werden gestrichen, Aufgaben werden in der Dringlichkeit herabgestuft oder heraufgestuft, und Prototypen wieder zurückgegeben, wenn sie den Anforderungen nicht genügen.

Im Hinblick auf die **Rollen** geht es darum, wer die Beteiligten sind und worin ihre Aufgaben bestehen. Wenn Du eine eigene Firma hast, dann wirst Du einer der Stakeholder sein, so wie Deine Kunden es auch sind. Die Stakeholder bestimmen, was sie eigentlich haben wollen und wie hoch das Budget ist. Der **Produkt-Owner** ist so etwas wie ein Projektmanager, er ist für das **Produkt-Backlog** verantwortlich, muss aber vor allem auch die ökonomische Seite des Projekts im Auge haben. Der **Scrum-Master** wiederum kümmert sich darum, dass die Prozesse reibungslos ablaufen und dass das Scrum-Prinzip eingehalten wird. Er hilft dabei, Probleme zu lösen, die mit Scrum auftreten. Das **Entwicklungsteam** verrichtet die eigentliche Arbeit. Scrum versteht das Team als Einheit und vergibt keine weiteren Rollen. In der Praxis wirst Du aber dort zum Beispiel Programmierer, Tester und Webdesigner finden.

Sprints sind die jeweiligen Entwicklungseinheiten, in denen die eigentliche Arbeit passiert. Hier findest Du die Daily Scrums, die Sprint Reviews, das Sprint Planning und die Sprint Retrospective. Ein Sprint ist eine Einheit, die eine, höchstens zwei Wochen umfasst. Am Ende eines Sprints muss ein Prototyp fertig, „done", sein. Bei der Sprint-Planung musst Du also aufpassen, dass die jeweiligen Aufgaben nicht zu umfangreich, aber auch nicht zu gering ausfallen. Im **Daily Scrum** treffen sich Entwickler, Scrum-Master und Produkt-Owner, um in einem kurzen Meeting den Tag zu planen.

4.2 Requirements und User Stories

Wenn Du bislang in klassischen Projekten gearbeitet hast, wirst Du das Problem der Requirements kennen. Das sind die Bedingungen, die in einem Projektplan festgelegt werden, und sie gelten als in Stein gemeißelt. Darin werden alle Features eines Produkts festgelegt. Bei Scrum kennt man diese Requirements nicht. Oder, besser gesagt: Requirements sind zwar vorhanden, aber verändern sich und sind verhandelbar. Das ist wichtig: Stell Dir vor, in den Requirements ist vorgesehen, dass Du eine bestimmte API benutzen musst, um Daten zu erhalten. Während der Arbeit stellt sich aber heraus, dass diese API nicht mehr zur Verfügung steht. In Scrum ist das kein Problem, weil es hier darum geht, welche Daten die API liefert und nicht darum, wer sie liefert und wo sie verfügbar sind.

Scrum arbeitet anstelle von statischen Requirements mit den dynamischen User Stories. Sie beschreiben anschaulich die Features, die vor allem im Produkt-Backlog hinterlegt sind. In der Regel sind sie als Karten angelegt. Bei einer Software, die mit Karten arbeitet, könnte das zum Beispiel wie folgt aussehen:

Als User möchte ich, dass meine Position in der Karte angezeigt wird.

In einem nächsten Schritt wird dieser Wunsch diskutiert. Die User Story ist eine Art Startschuss für eine Diskussion dahingehend, wie sie umgesetzt werden soll und welche Bedingungen man braucht.

Diese Bedingungen werden in der Regel auf der Rückseite der Karte niedergeschrieben, zum Beispiel:

Position soll akkurat sein

Position soll GPS-Daten nutzen

Position soll WIFIs nutzen

Position soll GSM nutzen

Im Laufe der Entwicklung werden solche User Stories immer feiner ausformuliert. Sie dienen am Anfang als Platzhalter in den Produkt-Backlogs und werden später durch detaillierte User Stories und Requirements ersetzt.

Wie detailliert eine User Story ist, hängt zu einem großen Teil davon ab, wo sie eingesetzt oder umgesetzt werden soll. Brauchst Du sie in den Sprints, sollte sie knapp gehalten sein, brauchst Du etwas, dass das ganze Bild beschreibt, kann sie ausführlicher sein. Am besten kann man die Größe der User Stories daran messen, wie viel Zeit es in Anspruch nimmt, sie umzusetzen. Diese Zeiträume können von Stunden bis zu Monaten betragen. Du wirst im Kapitel Produkt-Backlog noch ein wenig mehr über die Einzelheiten erfahren.

5. Ein Scrum-Projekt starten

Jetzt kann es losgehen. Du hast eine tolle Idee oder einen Auftrag von einem Kunden erhalten und willst das jetzt so schnell wie möglich, aber auch so gut wie möglich realisieren. Die positive Nachricht: Scrum wird Dir dabei helfen, mach Dir also keine Sorgen.

Das Wichtigste, wenn Menschen zusammenarbeiten, ist, dass Du ein Team hast, das sich versteht, das das Ziel versteht und auch die Vorgehensweise. Wenn jemand im Team mit Scrum gearbeitet hat, ist das vorteilhaft. Wer das noch nicht getan hat, kann trotzdem mitarbeiten, sollte aber keine Rolle innehaben.

5.1 Rollen

Unter Rollen versteht man die verschiedenen Aufgabenbereiche bei Scrum. Sie werden von Personen eingenommen und können nicht durch Teams ersetzt werden. Die Inhaber der Rollen haben keine Stellvertreter und dürfen sich die Rolle nicht teilen. In ihren jeweiligen Rollen haben die Inhaber so viel Freiraum wie möglich und agieren autonom.

Stakeholder

Eine Ausnahme von der Personenregel bildet die Rolle der Stakeholder, und damit soll begonnen werden. Unter den Stakeholdern versteht man alle, die an dem Projekt ein Interesse haben. Das kannst Du als Inhaber der Firma sein oder als Abteilungsleiter, der dieses Projekt vom Management aufgetragen bekommen hat. Es können auch Mitglieder anderer Unternehmensbereiche sein, zum Beispiel der Finanzen oder des Marketings. Wenn Du die Software für einen Kunden programmierst, dann ist auch dieser Stakeholder und dessen Kunden, die das Programm später benutzen sollen, ebenfalls. Stakeholder geben den Rahmen des Projekts vor, sie bestimmen das Ziel, aber sie können auch Einschränkungen vornehmen. So kann es sein, dass eine Software bestimmte gesetzliche Vorschriften einhalten muss. In diesem Falle sind auch Behördenvertreter Stakeholder, wenngleich sie vielleicht niemals an einem Meeting teilnehmen. Gleiches gilt für den Anwender. Wenn Dein Kunde die Software später an andere verkaufen will, dann haben diese Anwender ein berechtigtes Interesse, obwohl es vielleicht nicht persönlich vorgetragen werden kann.

Eine Sonderrolle nehmen vor allem in größeren Unternehmen die Manager ein, die mit dem Projekt betraut sind. Sie kommen meist aus anderen Unternehmensbereichen und vertreten in der Regel partikuläre Interessen. Die Vertretung aus der Buchhaltung wird sich für das Budget interessieren, die Marketingleute wollen oft Features sehen, und die Rechtsabteilung will zum Beispiel sichergehen, dass kein Copyright verletzt wird. Und schließlich ist da auch noch der große Boss (wenn Du das nicht selbst bist), der für den ganzen Spaß bezahlt.

Alle diese Stakeholder können Vorschläge machen, Budgets setzen und über die Ziele diskutieren. Sie haben aber mit dem Scrum-Team nur Kontakt über den Produkt-Owner. Dessen Aufgabe ist es, den Input der Stakeholder in das Produkt-Backlog zu schreiben. Weder der Scrum-Master noch das Entwicklungsteam werden im Scrum Kontakt mit den Stakeholder haben. Das ist extrem wichtig: Anweisungen an das Team kommen nur aus dem Team heraus. Kein Stakeholder kann einem Entwickler sagen, was er zu tun hat. Er darf nicht einmal dem Produkt-Owner vorschreiben, welche Prioritäten gesetzt werden.

Produkt-Owner

Als Produkt-Owner bildet man die Schnittstelle zwischen den Entwicklern und den Stakeholdern. Der Produkt-Owner muss aber auch die Marktfähigkeit des Produkts und das Budget im Auge haben. Er ist vergleichbar mit einem Projektmanager, allerdings ist seine Arbeitsweise etwas anderer Art. Er muss betriebswirtschaftliche Fähigkeiten mitbringen, weil er die ökonomische Seite der Entwicklung sowohl auf dem Sprint-Level als auch auf dem Release-Level überwachen muss. Eine zweite Aufgabe ist das Erstellen des Produkt-Backlogs, das die Arbeitsgrundlage des ganzen Teams darstellt. Das bedeutet, er muss neben den betriebswirtschaftlichen Kenntnissen auch technisches Knowhow mitbringen. Dies braucht er zum Beispiel, um die Kriterien für das Akzeptieren von Releases festzulegen und deren Einhaltung zu überwachen. Schließlich muss er natürlich auch eng mit dem Entwicklungsteam zusammenarbeiten und den Stakeholdern immer wieder Feedback geben.

Der Produkt-Owner pflegt das Produkt-Backlog, was bedeutet, er ist eingebunden in die Erstellung und Verfeinerung sowie das Priorisieren und die Einschätzung von Zeiträumen. Das heißt aber nicht, dass Du alles alleine machen musst. Zum Beispiel kannst Du gar nicht alle Produkt-Backlog-Items selbst formulieren oder einschätzen, wie lange sie in der Entwicklung brauchen. Deine Aufgabe ist es, sicherzustellen, dass es eine solche Einschätzung gibt und dass die Prioritäten einen stetigen Fortschritt ermöglichen.

Produkt-Owner ist ein Vollzeitjob, den man nicht mal nebenbei machen kann. In dieser Position muss man in der Lage sein, Menschen zu führen, ihnen aber auch größtmögliche Freiräume zu gewähren und Verantwortung für ein Projekt zu übernehmen. Ein Produkt-Owner muss imstande sein, Entscheidungen zu treffen und auch für diese Entscheidungen gerade zu stehen. Solltest Du Interesse an dieser Position haben, ist es gut, wenn Du zuvor in einem Scrum-Projekt gearbeitet hast. Die besten Voraussetzungen bringen ehemalige klassische Projektmanager mit, die eine Weiterbildung in Scrum absolviert haben und zum Beispiel schon einmal Scrum-Master waren oder in einem Entwicklungsteam eine verantwortliche Rolle spielten. Solltest Du in einem großen Unternehmen arbeiten, dann wärst Du gut qualifiziert, wenn Deine Abteilung den größten Nutzen an einem internen Projekt hat. Bei der Entwicklung von Produkten für Endkunden solltest Du besser aus dem Marketing oder der Produktentwicklung/ dem Business Development kommen.

Bisweilen wollen Stakeholder mehrere Projekt-Owner einstellen, weil zum Beispiel das Projekt sehr groß ist. Das ist keine gute Idee, weil der Produkt-Owner eben derjenige ist, der am Ende Entscheidungen zu treffen hat. Solltet Du vor die Frage gestellt werden, ob Du einen Produkt-Owner-Assistenten brauchst, solltest Du sie verneinen. Entweder Du kannst den

Job, dann sollte man Dich ihn auch machen lassen, oder Du kannst ihn nicht, dann hilft auch kein Assistent oder Team mehr.

Entscheidungen des Produkt-Owners müssen immer ökonomisch begründet sein. Wenn zum Beispiel ein Projekt langsamer voranschreitet als vorgesehen, dann muss er die Ressourcen so bündeln, dass die wichtigsten Teile zuerst entwickelt werden. Sollten zusätzliche Entwickler benötigt werden, muss er mit Blick auf das Budget bestimmen, wo er an anderen Stellen Geld einsparen kann. Sparen heißt aber auch, unnötige Sprints zu vermeiden. Ist ein Produkt schon früher fertig gestellt und getestet, kann er das Sprinting stoppen. Und schließlich muss er auch in der Lage sein, die Reißleine zu ziehen, wenn zum Beispiel Teile eines Produktes wegen veränderter Marktbedingungen nicht mehr erfolgreich sein können. Ein Beispiel kann sein, dass ein LTE-Chip entwickelt wird, allerdings die Einführung von 5G als neuer mobiler Datenverkehr schneller erfolgt als gedacht.

Als Produkt-Owner hast Du den wohl schwierigsten, aber auch spannendsten Job in einem Scrum-Projekt, wenn Du Spaß daran hast, Verantwortung zu übernehmen und Menschen zu motivieren.

Scrum-Master

Als Scrum-Master überwachst Du die Prozesse und bist dafür verantwortlich, Probleme zu lösen, die mit den Prozessen zusammenhängen. Deine Aufgabe ist dabei eher die eines Trainers oder Mentors und Vermittler. Als Scrum-Master musst Du eine gute Beziehung sowohl zum Entwicklungsteam als auch zum Produkt-Owner haben. Du bist für den reibungslosen Ablauf des Prozesses verantwortlich, nicht für die ökonomische Seite und auch nicht für technische Details. Allerdings solltest Du durchaus verstehen, was das Entwicklungsteam da macht. Als Scrum-Master dienst Du sowohl den Entwicklern als auch dem Produkt-Owner und hast die Aufgabe, sicherzustellen, dass beide Seiten gut miteinander verbunden sind und sich synchronisieren können. Deine Aufgabe ist aber nicht, ihnen zu sagen, was sie zu machen haben, sondern, ihnen zu sagen, dass es ein Problem gibt und gemeinsam eine Lösung zu entwickeln. Als Coach hast Du keine allgemeine Weisungsbefugnis gegenüber den anderen Scrumteam-Mitgliedern, kannst aber Deine Autorität einsetzen, wenn es trotz Versuchen keine Lösung gibt. Ein Beispiel ist, dass das Entwicklungsteam den Daily Scrum verschieben will. Das bedeutet einen Verstoß gegen die Regeln, und Du musst das Team davon überzeugen, dass dies nicht verhandelbar ist.

Du bist auch dafür verantwortlich, dass es keine Behinderungen gibt. Zum Beispiel sollten alle Mitglieder des Entwicklungsteams über geeignete Werkzeuge verfügen, also Computer mit der richtigen und eventuell lizenzierten Software. Es muss sichergestellt sein, dass sie eine professionelle und funktionierende Arbeitsumgebung vorfinden. Das bedeutet nicht, dass Du auch die Kaffeemaschine nachfüllen musst, aber eventuell musst Du sicherstellen, dass es eine gibt, um das Team glücklich zu machen.

Klassische Scrum-Master waren vorher in einem Entwicklungsteam tätig und haben in einigen Agile Projekte gearbeitet. Du kannst Dich heute in Seminaren als Scrum-Master zertifizieren lassen. In diesen Seminaren lernst Du – wie auch mit diesem Buch – die Prozesse und Zusammenhänge kennen und erfährst, wie sie gesteuert werden. Du musst aber neben Wissen auch eine Menge menschliche Fähigkeiten mitbringen. Als Scrum-Master bist Du ausgeglichen, suchst Einigung, bist aber auch in der Lage, Dich schützend vor das Projekt und die Scrum-Idee zu stellen und Deine Stellung zu behaupten. Du kannst Menschen durch den Einsatz von Softskills führen, bist empathisch und verstehst die Komplexität von Prozessen.

Entwicklungsteam

Im Entwicklungsteam arbeiten die Programmieren, Tester, Grafiker und Ingenieure, Netzwerkadministratoren, Database-Manager und UI-spezialisten, die die jeweiligen Produkt-Iterationen erarbeiten. Neben der Abarbeitung der Sprints gehört zu ihren Aufgaben auch die Pflege des Produkt-Backlogs. Sie müssen die Einträge ständig überarbeiten und aktualisieren und sich mit dem Produkt-Owner verständigen, wenn es zum Beispiel Veränderungen in der Priorität geben soll oder Budgetprobleme drohen. Sie müssen außerdem die Sprints planen und in das Sprint-Backlog eintragen. Auch das Testen des Produkts fällt in den Verantwortungsbereich des Teams.

Scrum selbst sieht keine weiteren Unterteilungen des Teams mehr vor. Solltest Du aber dafür verantwortlich sein, das Team zusammenzustellen, wirst Du vor allem nach Spezialisten suchen. Das Team sollte immer eine Einheit sein. Es macht keinen Sinn, wenn Du versuchst, die Programmierer in eine Gruppe und die UI-Spezialisten in eine andere Gruppe zu stecken. Wenn diese in einem Scrum-Projekt arbeiten, werden sie zueinander finden, sofern ein Sprint oder das Produkt es erfordert. Das braucht keine organisatorische Struktur.

Das Entwicklungsteam muss extrem belastbar und flexibel sein. Das Sprint-Backlog gibt ihm Deadlines vor, die eingehalten werden sollen, und gleichzeitig müssen weitere Deadlines geplant werden.

Das Entwicklungsteam pflegt auch das Produkt-Backlog. Wer das im Team macht, hängt immer von den Backlog-Items ab, die gerade bearbeitet werden. Wichtig ist, sicherzustellen, dass diese Arbeit erledigt wird. Geht es zum Beispiel darum, dass eine bestimmte Seite einer App spezifische Funktionen aufweisen soll, dann wird sich der UI-Spezialist darum kümmern müssen, welchen Fortschritt das Iteam macht. Bei Fragen zur Netzwerkstruktur sind die Netzwerk-Administratoren Ansprechpartner.

Das Entwicklungsteam hat keinen Teamleader. Die beiden Ansprechpartner sind der Scrum-Master und der Produkt-Owner. Das Team selbst arbeitet extrem kollaborativ und muss versuchen, Probleme selbst zu lösen und sich, was die konkrete Arbeit angeht, zu organisieren.

In einem Entwicklungsteam sollten Menschen zusammenarbeiten, die in der Lage sind, hochflexibel zu reagieren, die den Erfolg des Teams und des Produkt vor den eigenen stellen und Erfüllung darin finden, gemeinsam etwas zu erschaffen. Sie müssen absolute Fachleute in ihrem Spezialgebiet sein, sollten aber auch temporär andere Aufgaben übernehmen können. Solltet Du im Team jemanden haben, der gerne „Das ist nicht meine Aufgabe" oder „Das steht nicht in meiner Arbeitsplatzbeschreibung" sagt, solltest Du versuchen, seine Einstellung zu ändern oder, wenn das nicht möglich ist, ihn oder sie aus dem Team zu entfernen.

Eine der großen Herausforderungen bei einem Scrum-Projekt betrifft die richtige Zusammenstellung und die Größe des Teams. Sind es zu viele Mitglieder, dann kann es unwirtschaftlich werden, sind es zu wenige, dann können die sie schnell unter der Last der Arbeit leiden und an Effizienz verlieren.

Man kann das Team am besten als einen Fischschwarm beschreiben. In einem solchen Schwarm gibt es keinen Alpha-Fisch, der sagt, wo es langgeht. Es gibt auch keinen Plan, wohin der Schwarm schwimmen soll. Vielmehr arrangieren sich die Fische untereinander und adaptieren entsprechende Bedingungen. Wenn einige Fische Beute wahrnehmen, werden sie sich dorthin wenden, und der Schwarm folgt. Erblicken andere einen Feind, werden sie sich wegbewegen, und diese Bewegung zieht sich durch den ganzen Schwarm. Für den einzelnen Fisch bedeutet dies, immer darauf achten zu müssen, was die anderen machen, aber auch die Augen nach Beute und Feinden aufzuhalten. Die Regel ist: Wer zuerst etwas sieht, gibt die Information weiter, und der Schwarm reagiert entsprechend. Dieses Denken willst Du auch in Deinem Entwicklungsteam wahrnehmen.

5.2 Die Artefakte: Produkt-Backlog, Sprint-Backlog und Inkremente

Nachdem die Rollen festgelegt sind, gilt es noch Werkzeuge und Inventar zu definieren. Es wurde schon zuvor das Produkt-Backlog erwähnt, das eine zentrale Rolle spielt. Aus bisherigen Projekten kennst Du wahrscheinlich die Requirements, eine meist sehr umfangreiche Liste, die alle Features eines zu entwickelnden Produktes beschreibt. Unter Projektmanagern galt (und zum Teil leider auch gilt), je detaillierter diese Liste ist, desto besser ist sie. Das Problem ist nur, dass es eben schwierig ist, im Nachhinein etwas zu verändern. Deshalb ist das Produkt-Backlog am Anfang eher leer, dann kommen sehr allgemeine Beschreibungen hinzu, und langsam wächst es. Bei Sprint-Backlogs ist das ähnlich: Hier werden die konkreten Aufgaben oder Tasks im klassischen Projektmanagement vermerkt.

Ein Produktinkrement ist schließlich das, was am Ende eines Sprints steht. Die Summe aller Produktinkremente ist das dann fertige Produkt, wenn alles gut geht.

5.2.1 Das Produkt-Backlog

Solltest Du die ehrenvolle Aufgabe erhalten haben, Produkt-Owner zu sein, dann ist das Produkt-Backlog eines Deiner wichtigsten Werkzeuge. Du bist dafür verantwortlich, dass es gefüllt wird und dass es Fortschritte macht, aber auch dafür, dass die Prioritäten richtig gesetzt werden.

Wie entsteht das Produkt-Backlog?

Ein Produkt-Backlog besteht aus Produkt-Items, die im Wesentlichen Features, Änderungen und technische Anweisungen beschreiben.

Ein Beispiel für ein **Feature** wäre:

Ich möchte ein Formular haben, das dann als E-Mail zu mir geschickt wird.

Ein Beispiel für einen **Change** wäre:

Ich möchte, dass Bilder standardmäßig nach Datum sortiert werden und nicht nach Name.

Eine **Defektbeschreibung** wäre:

Datenbank crasht beim Upload von Bildern über 2 MB.

Schließlich gibt es noch die **Knowledge-Acquisition** oder Weiterbildung. Die kann so aussehen:

Statt nur VR zu benutzen, sollten wir auch einen Prototyp in 360 Grad und in AR entwickeln und testen, was besser geeignet ist.

Als Produkt-Owner musst Du nicht alle Items selbst eintragen, aber Du musst sie sortieren. Dabei kann folgende Regel helfen:

- Details
- aufstrebend
- Einschätzung
- Priorität

Details bedeutet, dass die Items so gut wie möglich beschrieben werden. Viele Details sind gut, zu viele Details können verwirren, zu wenige Details stellen die Entwickler vor die Frage, was sie damit anfangen sollen. Allgemein gilt die Regel: Je weiter oben in der Prioritätenliste ein Item steht, umso detaillierter muss es formuliert sein, damit es so schnell wie möglich abgearbeitet werden kann.
Vorsicht: Zu Beginn finden wir noch recht schwammige Userstories vor, und das ist gut so. Es macht keinen Sinn und ist in Scrum sogar verboten, von Anfang an alle Items auszuformulieren. Sie müssen wachsen.

Mit **aufstrebend** ist gemeint, dass Items in einem Backlog langsam nach oben wandern. Sie besitzen am Anfang noch eine geringe Priorität und werden mit Fortschreiten des Projekts wichtiger und präziser. Das bedeutet, dass sie im Backlog nach oben wandern. Es ist ein wenig wie beim Klößekochen. Am Anfang sind alle am Boden des Topfes, und wenn sie langsam gar werden, wandern sie nach oben. Dort können sie dann abgeschöpft und auf den Teller gelegt werden. Als Produkt-Owner bist Du der Koch, der ständig neue Klöße formt, ins Wasser legt, garen lässt und wieder herausholt. Weder darf der Topf jemals leer sein, noch dürfen zu viele Klöße nach oben kommen. Alles, was im Produkt-Backlog oben steht, kann sofort in Sprints umgesetzt werden. Alles, was unten steht, hat noch Zeit hinsichtlich Umsetzung und Ausformulierung.

Du musst ständig eine **Einschätzung** abgeben, welchen Umfang das Item hat. Welche Ressourcen werden benötigt, und sind diese vorhanden? Ist es detailliert genug, um bearbeitet werden zu können? Muss es jetzt gemacht werden, oder kann es warten? Ist die Umsetzung im Budgetrahmen, oder kostet sie mehr oder weniger? All diese Fragen helfen Dir, das Item genau einzuschätzen.

Erst dann kannst Du die **Priorisierung** vornehmen. Das ist der wichtigste Teil, denn er hat unmittelbaren Einfluss auf die Arbeit des Entwicklungsteams. Dieses wird nur die Items in Sprints aufnehmen, die eine hohe Priorität haben. Als Produkt-Owner muss Dir klar sein, was wichtig ist und was nicht, und dies gilt es im Backlog niederzuschreiben.

Items als Userstories

Die beste Art und Weise, Features und Requirements in Scrum zu beschreiben, ist – wie oben schon angedeutet – die User Story. Hierbei geht es meisten darum, dass aus Sicht dessen, der das Produkt später nutzen soll, ein Feature beschrieben wird. Als Vorlage kannst Du diesen Satz verwenden:

„Als (Rolle des Users) möchte ich (Feature, Funktion), damit ich (Vorteil).“

Du kannst diese User Stories auf Karten aufschreiben, weitere Informationen hinzufügen (zum Beispiel einen Link zu einer Webseite, die dieses Feature schon aufweist) und darlegen, welche Bedingungen einzuhalten sind, damit das Feature erfolgreich umgesetzt werden kann. Sie werden auch **Conditions of Satisfaction** genannt. Eine sehr einfache Version wäre, dass eine Webseite im Querformat gelesen werden kann und mobile friendly ist.

Die Größe einer User Story hängt davon ab, welchen Zweck sie hat. Am Anfang wirst Du sehr abstrakte Stories schreiben, die größere Zusammenhänge darzustellen versuchen. Du verdeutlichst, welche Aufgabe die Software hat, die Du gerade entwickelst. Weil diese Geschichten so umfassend sind, werden sie Epics genannt, analog zu den großen Geschichten der Weltliteratur wie „Krieg und Frieden". Recht schnell werden diese Geschichten dann heruntergebrochen in kleinere Stories, bis sie eine Größe erreicht haben, mit der die Entwickler auch arbeiten können. In der Praxis kann es manchmal sinnvoll sein, die aus einem Epic abgeleiteten Stories als solche zu kennzeichnen. Das kann ein Stichwort implizieren, eine Farbe oder eine Karte, auf der die Gemeinsamkeiten notiert werden. Du kannst es auch als eine Art Deckblatt verstehen.

Stories entwickeln

Zu Beginn eines Scrum-Projekts hast Du eine Idee oder einen Auftrag, aber noch keine User Stories. Deshalb solltest Du sowohl Deine Stakeholder als auch Deine Produkt-Owner, Deinen Scrum-Master und Dein Entwicklungsteam zusammentrommeln und gemeinsam mit ihnen diese Stories entwickeln. Denke aber daran, dass dies nur der Anfang ist und die Stories sich verändern werden. Die erste Zusammenkunft ist normalerweise ein etwas längeres Treffen und kann je nach Umfang des Projekts ein paar Stunden oder wenige Tage dauern. Es ist eine Art Brainstorming. Vom Team und seinen bisherigen Arbeitsweisen ist abhängig, wie solche Treffen strukturiert sind. Manche brechen die Geschichten herunter, anderen fällt aber sofort ein kleines Feature ein. Die große Kunst wird sein, das alles nachher zu ordnen. Was helfen kann, sind Mindmaps, vor allem, wenn sie elektronischer Art sind. So musst Du beim Brainstorming weniger auf Hierarchien und Strukturen achten und kannst alle Idee aufnehmen. Wer lieber mit Papier arbeitet, kann auch verschiedene Tafeln verwenden, die unterschiedliche Level repräsentieren, Ideen auf Post-Its schreiben und an die jeweilige Tafel heften.

Als Leiter eines solchen Meetings solltest Du auch die in den User Stories vorgesehenen Rollen klar machen. Ein User kann sein:

- ein Endkunde, der die App verwenden will
- ein Kollege aus dem Marketing, der Daten für die Statistik braucht
- ein Vertreter der Personalabteilung, der möchte, dass die Software barrierefrei ist.

Du kannst Dir einen Trick aus der Werbung anschauen, in dem bei der Entwicklung von Kampagnen die Zielgruppe personalisiert wird. Man versucht sich den Käufer eines Produkts vorzustellen und visualisiert ihn oder sie sogar. Das kannst Du bei den User-Rollen ebenfalls umsetzen, und wenn Du ihnen auch noch Namen gibst, dann macht die Entwicklung noch mehr Spaß.

Nehmen wir an, ihr entwickelt eine AR-App, die bei bestimmten Orten Informationen ins Kamerabild einblendet. Als User kann man sich einen 30-jährigen Mann vorstellen, der technisch interessiert ist, Arne heißt und ein mittleres bis hohes Einkommen hat.

Eine Story kann nun so aussehen:

Arne möchte beim Vorbeigehen an einem Laden eingeblendet bekommen, welche Rabatte es gibt, damit er nicht erst hineingehen und fragen muss.

Das ist aber nur ein Vorschlag, letztlich kannst Du die Stories gestalten, wie Du möchtest, solange sie eindeutig und verständlich sind und den oben genannten Kriterien genügen.

Pflege des Backlogs

Das Produkt-Backlog ist während der Entwicklung niemals wirklich leer oder fertig. Der Produkt-Owner muss es ständig pflegen, Dinge hinzufügen, verändern, überprüfen. Weniger ausformulierte User-Stories müssen präzisiert werden und dann eine neue Priorität erhalten. Es kann sein, dass ein weniger wichtiges Items plötzlich doch gebraucht wird und nach oben geschoben werden muss, ohne aber die Arbeit an anderen wichtigen Dingen zu behindern. Das Gute an der Scrum-Entwicklung ist, dass man immer neue Ideen und Erkenntnisse hat, das Schwierige daran ist dass diese das Produkt-Backlog immer etwas durcheinander bringen können. Ein gut gepflegtes Backlog macht den Erfolg eines Projekts aus.

Wer füllt das Produkt-Backlog?

Scrum impliziert Teamwork, deshalb können alle Beteiligten am Produkt-Backlog arbeiten. Am Anfang werden das vor allem die Stakeholder sein, die ihre Wünsche niederschreiben. Mit zunehmendem Fortschritt kommen die Entwickler hinzu, die Änderungsvorschläge unterbreiten, Fehler entdecken oder etwas genauer wissen wollen. Es ist entscheidend, dass vor allem die Entwickler ständig am Backlog arbeiten. Scrum sieht keinen genauen Zeitplan dafür vor, es ist Aufgabe des Produkt-Owners, zu überwachen, dass sein Backlog im Fluss ist. Aber auch die Stakeholder sollten regelmäßig zu Rate gezogen werden und überprüfen, ob der Status Quo ihren Vorstellungen entspricht oder ob es Änderungen gibt. Es kann zum Beispiel vorkommen, dass im Falle einer Navigationssoftware plötzlich ein neuer Kartenhersteller mit besseren und billigeren Karten auf den Markt kommt. Das kann bedeuten, dass man entweder die neuen Karten testen und/oder aber nach-schauen muss, ob neue Karten sich in die bereits bestehenden Items und Inkremente einbauen lassen.

Wann können Items entnommen werden?

Um im Bild des Klößekochens zu bleiben: wenn sie oben schwimmen und dort noch eine Minuten gegart wurden. Im Scrum-Jargon ist das die „**Definition von Ready**". Ein Item muss fertig ausformuliert sein, bevor es entnommen werden kann. Das bedeutet, es muss so detailliert sein, dass die Entwickler sich sofort an die Arbeit machen und es in einen Sprint umsetzen können. Scrum schreibt vor, dass es eine Definition von Ready geben muss, aber nicht, welche. Du kannst mit Deinem Team also selbst festhalten, welche Kriterien erfüllt sein müssen, damit die Entwickler ein Item abarbeiten können. Damit Du aber nicht von Grund auf neu anfangen musst, hier ein paar Tipps für solche Kriterien:

verständlich: Das Item muss für alle Beteiligten verständlich sein, in seiner technischen Auslegung als auch in seiner Funktionalität.

ökonomisch: Das Item ist innerhalb des Budgets und ist ökonomisch sinnvoll.

spezifisch: Es enthält alle wichtigen technischen Details und Abhängigkeiten von anderen Items.

unabhängig: Es ist frei von äußeren Abhängigkeiten und kann eigenständig entwickelt werden.

testfähig: Wenn es entwickelt ist, muss es testbar sein.

reviewbereit: Das Scrum-Team muss in der Lage sein, das Item in der Sprintreview zu überprüfen.

Allerdings gibt es auch Kritiker, die davor warnen, die Definitionen zu eng auszulegen. Das Wesen von Scrum ist seine Veränderung, und wer sich zu sehr mit Regeln beschäftigt, verliert das Große und Ganze aus den Augen. Die Definition of Ready soll dem Entwicklungsteam sagen, wann etwas fertig ist, aber das heißt nicht, dass nur solche Items dem Produkt-Backlog entnommen werden. Vielmehr ist das Entwicklungsteam auch für das Produkt-Backlog verantwortlich und muss bei dessen Fortgang mitdenken. Es liegt an Dir, wie wichtig für Dich die Kriterien sind, aber bedenke, dass Du schnell Barrieren aufbauen kannst, die den Arbeitsfluss stören können.

Exkurs: Finanzen

Das Produkt-Backlog weist keine Höchstgrenze auf. Die einzige Grenze, die es gibt, ist das Gesamtbudget. Dir als Produkt-Owner obliegt es, dieses Budget herunterzubrechen und die User Stories und Items danach zu beurteilen. Du brauchst aber auch eine genaue Aufstellung der Kosten, die die Entwicklung verursacht.

Die Personalkosten kannst Du mit der Velocity oder dem Tempo bestimmen. Wenn diese zum Beispiel 10 **Storypoints** pro Sprint betragen, ein Sprint zwei Wochen dauert und Du gesagt hast, dass das Projekt 160 Storypoints verbrauchen wird, dann brauchst Du 16 Sprints, um das Ziel zu erreichen, oder 32 Wochen. Jetzt multiplizierst Du diese Zahl mit Deinen Personalkosten und teilst sie durch 52 (Wochen). Damit hast Du Deine voraussichtlichen Personalkosten für das Projekt. Nun kommen aber auch noch andere Kosten hinzu, wie Miete, Computer, Lizenzen usw. Sie alle machen die Gesamtkosten aus. Diese musst Du immer im Kopf haben, wenn Dein Projekt nicht nur innerhalb des Budgets bleiben, sondern auch noch Profit machen soll.

Die Profitabilität kann auf verschiedenen Wegen berechnet werden. Zunächst einmal spielt eine große Rolle, wann eine Gewinnzone erreicht werden kann. Je kürzer die Entwicklungszeit und je geringer die Kosten, umso eher kommt man aus den roten Zahlen heraus. In internationalen Projekten wird das auch als Payback Period bezeichnet. Es kann zudem sinnvoll sein, die Software gar nicht selbst zu entwickeln (vor allem bei internen Projekten), sondern eine ähnliche Lösung zu mieten oder kaufen. Hier kannst Du aber ausrechnen, über welchen Zeitraum sich welche Lösung rentieren wird. Die dritte Komponente ist der Return of Investment. Letztlich geht es darum, wann das Produkt so hohe Gewinne gemacht hat, dass alle Entwicklungskosten gedeckt sind. Dabei spielt übrigens auch die Velocity eine Rolle, allerdings ist diese eine betriebswirtschaftliche Komponente.

Es gibt noch ein paar andere Begriffe, die im Zusammenhang mit finanziellen Belangen immer wieder auftauchen:

Earned Value. Darunter versteht man die Summe der bereits fertiggestellten „potentially shippable products" oder alle, die die Definition of Done erfüllen.

Cost Variance ist die Differenz zwischen den bislang verbrauchten Mitteln oder Kosten (Actual costs, AC) und dem EV.

Cost Performance Index (CPI) bezeichnet den Quotienten aus Earned Value und Actual Costs, also EV/AC. Ein CPI, der größer ist als 1, bedeutet, dass wir mehr aus dem Projekt herausbekommen, als es kostet. Ist der Wert kleiner als 1, dann ist die Arbeit, die wir verrichtet haben, nicht kostendeckend, und die Gefahr droht, außerhalb des Budgets zu liegen.

Als Produkt-Owner musst Du kein Betriebswirt sein, aber es ist Deine Aufgabe, auch die Kosten zu überwachen und User Stories danach zu beurteilen, welchen Business Value sie haben.

5.2.2 Das Sprint-Backlog

Werden im Produkt-Backlog die User Stories eingetragen und so weit entwickelt, dass sie zu einem Sprung werden können, so sind diese Sprints im Sprint-Backlog verzeichnet. Es ist eine Art To-Do-Liste des Entwicklungsteams. Aus dem Produkt-Item macht das Entwicklungsteam nun seine eigenen Tasks. Diese sind in der Regel sehr technisch und sehr detailliert. Während Du im Produkt-Backlog noch mit Karten arbeiten kannst, werden für die Sprints oft Tabellen verwendet. Eine solche Tabelle kann folgende Spalten enthalten:

- Beschreibung
- Beginn
- angesetzte Dauer
- Besitzer (Entwickler)
- Fortschritt
- Zeittafel (in Wochen)

5.2.3 Sprints (Inkremente)

In Scrum sind Sprints jene Einheiten, die Items aus dem Produkt-Backlog enthalten und dazu dienen, ein Feature zu entwickeln. Eine eiserne Regel ist, dass sie eine feste Dauer haben, meist zwei Wochen. Die Dauer ist nicht verhandelbar, und auch das Ziel des Sprints sollte nicht verändert werden. Ist ein Sprint beendet, folgt diesem automatisch der nächste Sprint. Damit dieser Fluss gewährleistet werden kann, sollten die Sprints von Produkt-Owner und Entwicklungsteam gemeinsam entwickelt werden. Das Resultat eines Sprints wird Inkrement genannt.

Sprint-Planung

Beide Parteien sollten sich bei der Planung von Sprints einig sein, worin das Ziel eines Sprints besteht. Meistens ist das schon in Grundzügen im Produkt-Backlog vorhanden, muss aber in konkrete Sprints umgesetzt werden. Im Rahmen der Sprint-Planung wird diskutiert, welche Items aus dem Backlog entnommen werden. In der Regel sind das jene mit den höchsten Prioritäten. Es kann aber auch sein, dass zusammenhängende Items in einem Sprint umgesetzt werden sollen. Der Tag 0 eines Sprints ist diese Sprint-Planung. Hier wird festgelegt, was in der Sprintdauer realisiert werden kann. Wenn man sich einig ist, welche Items das sind, dann setzen sich Entwickler und meistens der Scrum-Master zusammen und überlegen, welche Tasks notwendig sind, um diese Features zu vewirklichen. Das kann so aussehen:

- Feature: Fenstereinblendung in Kamerabild
- Tasks: Gestaltung – 4 Stunden
- Umsetzung in CSS - 4 Stunden
- Programmierung: 16 Stunden
- Testen: 4 Stunden

Die Entwickler wissen am besten, wie sie sich organisieren, und deshalb ist es wichtig, dass nur der Scrum-Master sie unterstützt. Solltest Du der Produkt-Owner sein, so hast Du in diesem Prozess keine Rolle inne. Du musst Deinem Team vertrauen, dass es den Sprint umsetzen wird. Du musst aber verfügbar sein, wenn das Team Fragen zur Umsetzung hat. Die Aufgabe des Teams ist es nun, sicherzustellen, dass die Arbeit reibungslose vonstattengehen kann. Dabei muss darauf geachtet werden, was parallel entwickelt werden kann und was nachgeordnet ist. In obigem Beispiel muss zum Beispiel der CSS-Entwickler auf die Designer warten, die Programmierer können aber gleichzeitig mit der Gestaltung anfangen.

Es gibt keine ideale Zahl an Items, die in einem Sprint abgewickelt werden können. Das hängt immer davon ab, um welches Produkt es sich handelt, wie groß und wie erfahren das Entwicklungsteam ist, vor allem aber davon, wie gut es zusammenarbeitet. Je mehr sich gegenseitig geholfen wird, desto mehr Arbeit kann vollendet werden. Wer nur seinen eigenen

Task abarbeitet, ist kein ideales Mitglied eines Scrum-Teams. Gleiches gilt für Spezialisten, die außer ihrem eigenen Gebiet keine Kenntnis in anderen Bereichen haben.

Du solltest Dir also über die Leistungsfähigkeit Deines Teams im Klaren sein, bevor festgelegt wird, wie viel Arbeit diesem zugemutet werden kann. Bei den Sprints geht es nicht darum, so viel wie möglich in einer gewissen Zeit zu erledigen. Es steht vielmehr im Mittelpunkt, dass man am Ende ein Ziel erreicht und ein Produkt wesentlich (weiter)entwickelt hat.

Die Art und Weise, wie das Team sich organisiert und arbeitet, ist wesentlich für den Erfolg des Projekts. Scrum ist immer nur eine Technik, die so gut ist wie die Menschen, die sie benutzen. Wenn also ein Sprint beginnt, dann wird diskutiert, welche Ressourcen für welchen Task benötigt werden. Es ist aber auch wichtig, dass keine Ressourcen verschwendet werden. Ein Programmierer darf eben nicht auf die UI warten, und ein Tester kann bereits kleine Inkremente testen, statt auf das Endprodukt zu warten. Am Ende eines Sprint steht das auslieferungsfähige (engl. shippable) produkt für etwas, das funktioniert und einen ökonomischen Wert darstellt.

Die Tasks können am besten in einer Tabelle dargestellt werden, die man auf eine Tafel zeichnet (das Taskboard). Hier können die Teammitglieder nun entscheiden, welchen Task sie erledigen wollen. Das bedeutet aber nicht, dass nur sie dafür verantwortlich sind. Sie können jederzeit Hilfe anfordern, denn wichtig ist nicht, wer die Arbeit macht, sondern, dass sie gemacht wird.

Der Fortschritt sollte aber auch dargestellt werden. In Scrum nennt man dies den Burndown-Chart. Hier wird der tatsächliche Fortschritt entlang einer idealen Linie dargestellt Auf der Y-Achse werden die verbleibenden Arbeitsstunden aufgetragen (nicht die abgeleisteten), auf der X-Achse die Sprints im Zeitverlauf. Je weiter das Projekt voranschreitet, umso weiter entwickelt sich auch der Chart. Als Projekt-Owner kannst Du so sehen, ob und wie weit Du Dich von den Vorgaben entfernst. Sollte die tatsächliche Linie über der idealen Linie liegen, dann verweist das auf einen zu langsamen Fortschritt. Es droht die Gefahr, kein ordentliches Ergebnis zu liefern. Ist die Linie unter der idealen Linie zu verorten, ist Dein Team zu schnell, was in der Regel eine gute Nachricht ist, weil es bedeutet, dass das Team eventuell schneller fertig ist. Sollte das aber bei mehrerer Sprints hintereinander auftreten, kann es auch bedeuten, dass Du zu viele Ressourcen eingesetzt hast oder aber nicht genügend Tasks vorhanden sind.

Eine weitere Methode, um den Fortschritt zu messen, aber auch die Stundenanzahl einzuschätzen, ist das Tempo. Die **Geschwindigkeit eines Sprints** wird bestimmt durch:

Tempo = Entwickler x Stunden x Werktage

Die Stunden sind Arbeitsstunden, nicht Anwesenheitsstunden. Du wirst sehen, dass sich das Tempo immer wieder verändern wird. Dass das so ist, hat viele Gründe: Manche Tasks sind einfacher, und manche Teams sind schneller. Gerade am Anfang ist das Tempo meist geringer, weil sich das Team erst mit der Aufgabe vertraut macht. Es sollte aber bald schneller werden, und ist das nicht der Fall, solltest Du herausfinden, was das Problem ist. So wie der Burndown-Chart kann auch das Tempo als Graph visualisiert werden.

Kapazität

Etwas, das oft unterschätzt wird, ist die Kapazität. Dabei geht es nicht nur die Zahl der Mitglieder im Entwicklungsteam, sondern auch darum, wie belastbar sie sind und wie viel Arbeit sie in einem bestimmten Zeitraum schaffen können. Eine Gefahr, der Du oft begegnen wirst, ist, dass man bei Beginn der Sprint-Planung zu optimistisch ist. Alle freuen sich auf das Projekt und sagen „Wir schaffen das". Nach einigen Sprints aber stellt sich heraus, dass das Tempo immer langsamer wird, weil einfach die Kapazitäten nicht ausreichen und die Entwickler am Ende Ihrer Kräfte sind. Bei der Planung eines Sprints solltest Du also vor allem realistische Zeiten einrechnen. Die Dauer eines Sprints mag zwar zwei Wochen umfassen, aber niemand arbeitet 24 Stunden am Tag. Vielmehr sind das bei einer 5-Tageswoche 10 x 8 = 80 Arbeitsstunden. Dabei müssen noch die Daily Scrums abgezogen werden, 15 Minuten x 10 = etwa 20 Stunden. Schließlich gibt es noch Aktivitäten, die zwar zur Arbeit gehören, aber nicht im aktuellen Sprint, wie die Pflege des Backlogs und die Arbeit an anderen Projekten. Manchmal wird ein Mitarbeiter krank, und manche machen Urlaub, auch deren Stunden müs-sen abgezogen werden. Am besten baust Du noch einen Puffer ein an Stunden, die für Allgemeines benutzt werden, um eine realistische Vorstellung davon zu bekommen, welche Kapazitäten Du tatsächlich hast.

Hilfreich kann eine Tabelle sein, in der in einer Spalte die Mitarbeiter stehen und in die eingetragen wird, wie viele Tage oder Stunden sie anwesend sind, wie viele Stunden für andere Projekte und Aktivitäten verbraucht werden und wie viele Stunden am Tag gearbeitet werden kann. Am Ende hast Du dann die Realstunden für jeden Mitarbeiter ermittelt.

Planning Poker

Um ein wenig Spaß in die Planung zu bekommen und nicht nur trockene Meetings stattfinden zu lassen, haben Scrum-Entwickler das Planning Poker erfunden. Dabei geht es um die Einschätzung von Aufwand und oder relativen Zielgrößen in der Produktentwicklung. Es werden nummerierte Karten verdeckt gespielt, und wenn sie aufgedeckt werden, wird deren Wert gemeinsam diskutiert.

> Spielregeln:
>
> Es gibt einen Spielleiter, der aber nicht selbst am Spiel teilnimmt. Der Produkt-Owner gibt eine kurze Übersicht über eine User Story, die eingeschätzt werden soll. Das Team kann jetzt Fragen formulieren, um sicherzustellen, dass alle die Story verstehen. Jeder legt anschließend eine Karte verdeckt auf den Tisch, und zwar mit einem Wert versehen, der die Einschätzung ausdrückt. Diese Nummern können Tage oder Stunden

betreffen, meist aber werden Story Points (siehe weiter unten) verwendet.

Jetzt wird diskutiert, wie jeder die Story einschätzt. Zu einem bestimmten Zeitpunkt (man kann eine Eieruhr verwenden, um die Diskussionen nicht ausufern zu lassen) werden alle Karten gemeinsam aufgedeckt. Jene, die die höchsten und die niedrigsten Werte haben, können nun kurz erklären, warum sie diese gewählt haben. Dann werden die Karten erneut ausgelegt. Es geht beim Planning Poker nicht ums Gewinnen, sondern um einen spielerischen Ansatz, einen Konsens zu erreichen. In jedem neuen Schritt müssen immer wieder die höchsten und niedrigsten Werte begründet werden, bis sich am Ende alle auf einen Wert geeinigt haben. Ist das der Fall, wird die nächste User Story vorgelegt. Wichtig ist, dass man zumindest Stichworte während der Diskussion festhält und diese Teil der Dokumentation des Produkt-Items werden.

Story Points

Unter Story Points versteht man ein Maß, um den Gesamtaufwand eines Produkt-Backlog-Items einzuschätzen. Um das zu erreichen, vergibst Du einen Zahlenwert. Welche Zahl das ist, spielt nicht wirklich eine Rolle. Es geht vor allem um die relativen Werte. Als Beispiel: Eine Story, die den Wert 4 hat, ist doppelt so groß wie eine mit der Zahl 2. Sie sollte auch die Hälfte von 8 und ein Drittel von zwölf betragen. Manche Teams arbeiten lieber mit großen Zahlen. Was Du genau nutzt, ist Dir überlassen. Viele Scrum Teams verwenden die Sequenz 1, 2, 3, 5, 8, 13, 20, 40, 100, weil man damit eine so genannte Fibonacci-Kurve erzeugen kann.

Wie aber legt man fest, was der Aufwand ist? Er beinhaltet den realen Aufwand der Arbeit (in Stunden) und verweist darauf, wie komplex die Arbeit ist und welche Risiken und Unsicherheiten bestehen.

Nehmen wir an, Du entwickelst eine Webseite. Ein Item ist ein Kontaktformular mit zehn Feldern, ein anderes ist eine Seite, die nur ein Bild aufweist. Der Aufwand für das Kontaktformular ist größer, weil mehr HTML geschrieben werden muss, und komplexer, weil noch der Versand der Formulardaten programmiert werden muss. Eingerechnet werden müssen übrigens auch die Tests, die für das Item notwendig werden. Auch das Risiko ist beim Formular größer, denn ein kleiner Fehler kann die Daten ins Nirwana schicken.

Es gibt keine bestimmte Formel, wie man diese drei Faktoren zu einem Story Point zusammenfasst. Hier musst Du abschätzen und vor allem die Items vergleichen. Am besten einigt ihr Euch im Team auf eine Story, die die Basis darstellt. Sie sollte am einfachsten abzuschätzen sein. Zum Beispiel ein Bild in eine Webseite einfügen. Das wäre die 1 oder die 2.

Ein Fehler, der oft gemacht wird, ist jener, den Aufwand, den die Story Points darstellen, mit Stunden zu verwechseln. Story Points drücken keinen tatsächlichen Aufwand aus, sondern einen relativen. Sie dienen dazu, Einschätzungen vorzunehmen, die nicht nur von Stunden determiniert sind. Sie sind eine Hilfe für den Produkt-Owner, wenn er die Items priorisieren will. Sie können außerdem zur Berechnung des Returns of Investment eines Items herangezogen werden.

Auf keinen Fall sollten Story Points das Entwicklungsteam davon abhalten, Storys aus dem Produkt-Backlog zu entnehmen. Nehmen wir an, zwei Stories haben die gleiche Priorität, eine aber wenige Story Point und eine viele, dann sollten die Entwickler der Versuchung widerstehen, nur das kleinere zu entnehmen, weil es vermeintlich einfacher und schneller umzusetzen ist. Wichtiger als alle Tools ist es, das Produkt zu entwickeln, und das so schnell und so gut wie irgend möglich.

Zeiterfassung in Scrum

Auch wenn die Sprints in Tagen und Stunden gemessen werden und bei der Sprint-Planung geschaut wird, welchen Zeitaufwand bestimmte User Storys mit sich bringen, ist die Verwendung von Zeiterfassungssystemen unter Scrum-Anwendern umstritten. Manche argumentieren, dass diese Systeme Zeitverschwendung und unnötige Bürokratie bedeuteten. Du kennst das vielleicht selbst von klassischen Projekten, bei denen Du permanent damit beschäftigt warst, aufzuschreiben, wie lange Du gerade gearbeitet hast (und Dich gefragt hast, ob diese Zeit auch noch dazu gerechnet werden kann).

Es gibt aber auch gute Gründe, die Zeit zu erfassen. Zum einen kann das die Grundlage sein, auf der die Kosten dem Kunden berechnet werden. Viele wollen nicht nur für die Ergebnisse bezahlen, sondern auch wissen, wie groß der Aufwand war. Zu wissen, wie viel Zeit ein Entwickler braucht, ist aber auch für den Produkt-Owner wichtig. Nur so kann er sehen, ob die Einschätzungen in der Sprint-Planung auch realistisch sind. Manchmal kann es auch aus rechtlichen Gründen notwendig sein, die Zeit zu erfassen, zum Beispiel, um Überstunden aufzuzeichnen.

Es geht dabei weniger um Performance-Kontrolle, sondern darum, aus der Vergangenheit für die Zukunft zu lernen. Solltet Du Zeiterfassungssysteme einsetzen, dann gilt es, dem Team zu erklären, dass es nicht darum geht, die Mitarbeiter zu überwachen.

Heute muss niemand mehr etwas aufschreiben. Es gibt Software, die erkennt, wenn jemand beginnt zu arbeiten und die entweder automatisch oder manuell gestartet und mit Projektdaten versehen werden kann. Das reduziert den Verwaltungsaufwand auf ein Minimum und liefert trotzdem wertvolle Daten für den Produkt-Owner.

Allerdings solltest Du diese Daten nicht als einzige Entscheidungsgrundlage sehen. Sie sind lediglich ein Parameter, der Trends aufzeigt, wie es der Burndown-Chart auch ist. Verstehe Zeiterfassung als Verfeinerung des Burndown-Charts. Auf jeden Fall bespreche mit dem Team, wie die Zeiterfassung implementiert werden soll, damit so wenig Zeit wie möglich dafür verwendet wird. Und auch die Zeiterfassung sollte im Rahmen der Sprint Retrospective besprochen werden: Ist sie hilfreich, oder bremst sie das Team aus? Solange keine rechtlichen und vertraglichen Gründe eine solche Erfassung notwendig machen, ist sie auch später im Projekt verhandelbar.

Noch eine Anmerkung zu der Forderung von Kunden nach Stundenlisten: Versuche ihnen das auszureden. Bei Scrum geht es eben darum, wertvolle Arbeit in kurzer Zeit abzuliefern. Wer nach Stunden bezahlt, wird den Prozess nur unnötig verlangsamen, weil Du als Finanzverantwortlicher dann natürlich viele Stunden verkaufen willst.

6. Der Daily Scrum

Eines der wichtigsten Abstimmungsinstrumente ist der Daily Scrum. Dein Team soll während der Sprints arbeiten und nicht die Zeit mit Organisatorischem verschwenden. Um aber ständig ein Feedback zu erhalten und zu geben, wird alle 24 Stunden der Daily Scrum abgehalten. Dabei handelt es sich um ein Meeting des Entwicklungsteams, das genau 15 Minuten dauert. Der Scrum-Master kann es leiten, muss es aber nicht. Der Ablauf gestaltet sich meistens wie folgt:

Jedes Teammitglied beantwortet kurz und prägnant folgende Fragen

- Was habe ich in den vergangenen 24 Stunden erreicht?
- Was will ich in den nächsten 24 Stunden machen?
- Welche Probleme gibt es, die meinen Fortschritt behindern?

Damit weiß jedes Teammitglied, was die anderen gemacht haben, machen werden und welche Schwierigkeiten auftreten können. Letztere werden nicht im Daily Scrum gelöst, sondern meist entweder zwischen den Teammitgliedern später oder aber zwischen Scrum-Master und Produkt-Owner, wenn es zum Beispiel um technische Probleme wie Serverperformance geht.

Beim Daily Scrum sollen sich Deine Teammitglieder vor allem synchronisieren. Ein guter Ort dafür ist übrigens die Kaffeeküche, denn dort ist man meistens gezwungen, zu stehen – was das 15-Minuten-Ziel erreichbarer werden lässt, weil Stehen unbequem ist.

Ein Daily Scrum ist nicht eine Abfrage des Status Quo. Es geht nicht darum, einen Bericht abzugeben und es existiert auch keine Pflicht, dies zu tun. Vor allem ist das Meeting nicht dazu da, den Fortschritt in einem Plan zu sehen. Deswegen ist die Zeit knapp, und es sollen lediglich Probleme und Erfolge kurz dargestellt werden.

Nach dem Meeting geht jeder an seine Arbeit und macht sich an die Tasks. Das bedeutet aber nicht, dass alle Teammitglieder auf ihren Bildschirm starren und nicht miteinander reden. Kommunikation ist immer wichtig. Oft werden nach dem Daily Scrum noch Details in kleinen Gruppen diskutiert. Manchmal braucht ein Teammitglied Hilfe oder einen Ratschlag von Kollegen. Am Ende eines Arbeitstages tragen die Mitglieder die geleisteten Stunden in den Burndown-Chart ein.

6.1 Definition of Done (DoD)

In einem Sprint werden nicht nur die Tasks aufgelistet, sondern es wird auch festgelegt, welche Kriterien erfüllt sein müssen, damit ein Task auch als beendet erklärt werden kann. Es ist meistens eine Checkliste, die festlegt, was die Kriterien für ein auslieferungsfähiges Produkt sind. Wie genau diese Checkliste aussieht, muss im Sprint Planning bereits festgelegt werden, vielleicht gibt es aber eine solche Liste schon aus früheren Projekten. Sie wird vom Entwicklungsteam erstellt. Um Dir zu helfen, hier einige der Elemente, die auf einer solchen Liste auftauchen können:

- X% des Codes fertig
- Tests für die User Story sind erfolgreich
- alle Akzeptanzkriterien erfüllt
- Dokumentation vorhanden
- nicht-funktionelle Elemente sind erfolgreich getestet
- Code ist von anderen gegengelesen worden
- Software läuft auf dem Testserver
- technische Dokumente sind erstellt
- rechtliche Dokumente (z.B. verwendete Lizenzen) sind erstellt
- keine Bugs gefunden

- Internationalisierung vorhanden
- Schnittstellen offen
- Hardware-Test erfolgreich
- Performance-Tests bestanden

Diese Liste ist nur ein Vorschlag, und es hängt immer von Produkt und Projektumfang ab, wie die DoD aussieht. Nicht verhandelbar ist aber, dass es sie gibt und dass sie angewendet wird. Auf keinen Fall darf sie geschönt werden, nur um einen Erfolg zu haben. Wenn ein Projekt noch nicht getestet ist, dann ist das eben so. Etwas später folgen Erklärungen, was Du in diesen Fällen machen kannst. Es ist auch egal, ob nur ein Element in der Checkliste nicht erfüllt ist.

Wie alles in Scrum ist auch die Checkliste nicht in Stein gemeißelt. Im Laufe eines Projekts kann sie sich verändern, gerade, was Test angeht. So kann es sein, dass ein Kriterium für eine Webseitenentwicklung jenes ist, dass Features auf dem Testserver laufen. Es kann aber nach einigen Sprints das Produkt bereits für so gut befunden werden, dass man live gehen will. Das bedeutet, dass zukünftige Entwicklungen am Ende auf dem Live-Server laufen müssen.

Vielleicht erinnerst Du Dich noch daran, dass die User Stories auch eine Condition of Satisfaction haben. Da im Sprint diese Stories abgearbeitet werden, müssen auch die Conditions of Satisfaction erfüllt sein. Bei einem Payment-Gateway kann das eben sein, dass Visa, Mastercard, Maestro, Amex, Apple Pay und Google Pay funktionieren müssen, damit das Gateway erfolgreich entwickelt ist. In der Regel werden die Conditions of Satisfactions nach dem Done im Sprint genauer betrachtet. Erst wenn das Inkrement Done und diese Itek-Kriterien erfüllt sind, wird es akzeptiert.

Nach zwei Wochen ist der Sprint zu Ende und die Stunde der Wahrheit gekommen. Durch den Burn-Down-Chart wissen die Mitglieder, in welche Richtung der Trend geht. Aber genauen Aufschluss gibt die Sprint Review.

6.2 Dokumentation

Die immense Arbeit an der Dokumentation und den Berichten ist einer der Gründe dafür, dass klassische Projekte so unbeliebt sind. Durch den Schwerpunkt auf Kommunikation und Teamarbeit muss der Einzelne bei Scrum nicht alle Aktivitäten rechtfertigen. Das bedeutet aber nicht, dass es keine Dokumentation geben sollte. Vielmehr ist diese Dokumentation notwendig, damit die Arbeit passabel verrichtet werden kann. Sie erfolgt basierend auf den Produktitems. Das Produkt-Backlog dokumentiert den Verlauf, die Definition of Ready, die Conditions of Satisfaction und später die Definition of Done. Am Anfang wird vor allem das Design eines Items besprochen und niedergeschrieben, später kommen dann der Code und die UI hinzu und, sobald getestet werden kann, welche Art von Tests und was die Ergebnisse sind. Der Unterschied zum klassischen Projekt ist, dass on the job dokumentiert wird und nicht am Ende eines Projekts eine lange Dokumentation verfasst wird, die dann ohnehin niemand mehr braucht. In Scrum dient die Dokumentation der Transparenz und der Kommunikation. Jeder hat Zugriff darauf und kann sehen, was der Status eines Items ist und aus welchen Teilen es besteht.

Man kann drei Regeln für eine gute Dokumentation anlegen:

wesentlich:

Du solltest nur so viel dokumentieren, wie auch tatsächlich benötigt wird. Es muss präzise genug sein, um verstanden zu werden, aber Du willst kein Buch schreiben, sondern einen Wert schaffen, der für andere von Nutzen ist. Dokumentationen werden erstellt, weil sie gebraucht werden können, nicht weil es eine Regel vorschreibt oder jemand sie einfach haben will.

zeitgerecht

Die Dokumentation sollte während der Entwicklung geschehen, weil das Zeit spart und die Informationen sofort zur Verfügung stellt. Du solltest die Dokumentation mit Daten verstehen, die zum Produktverständnis beitragen, nicht als historische Rückschau auf die Entwicklung.

wertvoll

Alles, was in Scrum gemacht wird, muss einen Wert haben. Das bedeutet auch, dass Deine Dokumentation wertvoll sein muss. Und es bedeutet, dass der Wert der Dokumentation höher sein muss als die Kosten ihrer Entstehung.

Test Driven Design

Eines der wesentlichen Merkmale des Scrum-Frameworks ist das Test Driven Design. Das bedeutet, dass noch vor dem Schreiben des Codes die jeweiligen Tests festgelegt werden. Man verwendet auch den Begriff der „Test-before Software" dafür, weil die Entwickler sich an diesen Tests orientieren müssen. Ein Programmierer weiß so genau, welchen Test der Code bestehen muss, wenn er ihn schreibt. Diese Tests funktionieren ein wenig wie Requirements, und darin liegt auch die mit ihnen einhergehende Gefahr. Sie implizieren eine Einschränkung für den Entwickler. Dies kann bedeuten, dass er die Test-Bedingungen für wichtiger erachtet als das Produkt selbst. Du solltest darauf achten, dass hier eine gute Balance vorhanden ist und Design und Test-Bedingungen gleichberechtigt behandelt werden.

Bevor der Programmierer einen Code schreibt, formuliert er den Test, der bestanden werden soll. Natürlich wird der Test am Anfang fehlschlagen, aber im Verlaufe der Code-Entwicklung immer besser werden. Während Scrum allein schon durch die kurzen Sprints ein Test Driven Design ist, wird dieses Prinzip auch in die Abarbeitung der Tasks übernommen.

7. Die Sprint Reviews

Am besten ist es, diese Rückschau schon ein paar Tage vor dem Ende des Sprints vorzunehmen. So bleibt noch etwas Zeit, Änderungen zu realisieren und vielleicht das Ziel eines „potentially shippable products" zu erreichen. An der Sprint Review nehmen das Entwicklungsteam, der Scrum-Master, der Produkt-Owner und die Stakeholder teil. Letztere sind ein wichtiger Bestandteil des Meetings, denn sie haben eine Außensicht auf das Produkt-Inkrement und können wertvolle Hinweise liefern. Nehmen wir an, Du hast gerade in einem Payment-Gateway gearbeitet, und kurz vor Fertigstellung verkündet das Business-Development, dass man mit Apple Pay einen Vertrag geschlossen habe und das gerne noch einbauen wolle.

Es kann auch sein, dass Mitarbeiter aus anderen Bereichen dazu kommen wollen, die sonst weniger mit dem Projekt zu tun haben. Du solltest das zulassen, solange die Meetings dadurch nicht unnötig in die Länge gezogen werden.

Wie jedes Meeting sollte auch die Sprint Review gut vorbereitet sein. Du solltest

- wissen, wer eingeladen werden soll
- einen Termin machen
- sicherstellen, dass die Sprints fertig sind
- Demos vorbereiten
- festlegen, wer das Meeting leitet
- festlegen, wer die Demos macht

Es wird nicht immer einfach sein, einen Termin zu finden, an dem alle Beteiligten verfügbar sind, aber denke daran, dass der Sprint Review ein wesentlicher Bestandteil von Scrum ist und nicht ausgelassen werden kann.

Demos werden nur von Tasks gemacht, die „done" sind. Oben wurde gesagt, dass Du die Sprint Review kurz vor Ende des Sprints umsetzen sollst. Das kann natürlich bedeuten, dass manche Tasks noch nicht fertig sind. Deshalb ist es sinnvoll, dass der Produkt-Owner sich mit dem Entwicklungsteam zusammensetzt undermittelt, welche Arbeit bereits getan ist und welche es voraussichtlich zum Sprint Review sein wird. Es ist normal, dass manche Tasks nicht fertig werden, aber Du solltest für die Review die meisten Produkte des Sprints bereit halten.

Eine Sprint-Review ist ein Arbeitsmeeting. Hier geht es darum, alle auf einen Wissensstand zu bringen und Inputs zu erhalten. Es ist kein Schaulaufen der Programmierer und Entwickler und schon gar nicht eine Selbstdarstellung des Produkt-Owners. Deshalb sind PowerPoint-Präsentationen fehl am Platz, und auch die sonst üblichen Formalien von Meetings in Großunternehmen. Je schneller es an die Arbeit geht, umso besser. Am besten ist es übrigens, wenn der Scrum Master die Leitung übernimmt, weil er am besten einschätzen kann, was für den Prozess wichtig ist und was nicht und eventuell eingreifen kann.

Agenda der Sprint Reviews

Am Anfang wird dargestellt, was Teil und was **Ziel des Sprints** war. Es können kurz und knapp die Produktitems dargestellt werden, die dem Backlog entnommen und in diesen Sprint gepackt wurden.

Als nächstes folgt eine **Übersicht** dessen, was im Sprint erreicht wurde. Dabei kann auch das abgearbeitete Taskboard helfen, ohne aber in die Details gehen zu müssen. Wahrscheinlich sind immer noch Tasks übrig, und es sollte dann eine konstruktive Diskussion darüber erfolgen, warum das so ist. Dabei geht es weniger darum, einzelne Personen verantwortlich zu machen, sondern gemeinsam zu analysieren, welche Gründe bestehen. Manchmal kann das einfach ein falsch assoziierter Task sein, oder aber es fehlten Ressourcen, oder aber die Stundenzahl war falsch eingeschätzt.

Nun folgen die **Demos**. Die Entwickler können die Produkte vorführen, die darstellbar sind. Im Bereich Spiele- und Webseitenentwicklung ist das meistens recht einfach, weil viel mit Grafiken gearbeitet wird. Bei Software kann das gerade im Anfangsstadium etwas trocken sein, vor allem, wenn der Code nichts wirklich grafisch darstellbar macht. Du wirst es auch von der Zusammensetzung der Teilnehmer abhängig machen müssen, inwieweit man ihnen Codes zumuten kann. Demos veranschaulichen den Fortschritt, aber sie sind nur ein Bestandteil der Sprint Review.

Die Demos sollte auf jeden Fall **diskutiert** werden (und ebenso die anderen fertigen Produkte). Das ist der wesentliche Teil des Meetings. Vor allem sollten die Stakeholder gehört werden: Sind sie zufrieden mit dem, was geleistet wurde? Entspricht das ihren Vorstellungen? Haben sie Änderungsvorschläge und Ideen? Du solltest sie zur Kritik ermuntern, denn ohne Feedback kann das Team sich nicht verbessern. Oftmals haben diese Diskussionen auch Einfluss auf das Produkt-Backlog. Es kann zum Beispiel sein, dass man aus den Sprints gelernt hat, als nächstes andere Items entnehmen zu müssen, als in der Prioritätenliste vorgesehen. Oder aber Du stellst fest, dass die Definition of Ready noch angepasst werden muss, weil viele Items eben noch nicht für die Entwicklung bereit waren.

Manche Scrum-Teilnehmer verstehen die Review als finales Sign-Off der Items, aber das ist eigentlich falsch. Denn ein Item ist fertig, wenn es der Definition of Done entspricht und wenn der Produkt-Owner es abgenommen hat. Die Review dient dazu, Produkte zu analysieren, nicht dazu, die Items freizugeben. Allerdings wirst Du in der Praxis erleben, dass im Verlauf einer Review ein Item eventuell nochmal zurückgegeben wird und der Produkt-Owner seine Entscheidung revidieren muss. Das kann vorkommen, sollte aber die Ausnahme sein, um den Sprint-Fluss nicht zu verlangsamen.

8. Sprint Retrospektive

Scrum heißt nicht, dass es keine Meetings gibt, es gibt sogar viele, aber sie verlaufen anders als in klassischen Projekten. Neben des Sprint Reviews, das sich mit den Items befasst, gibt es nach jedem Sprint auch noch die Sprint Retrospektive. In dieser geht es darum, den Sprint an sich zu analysieren. Wurden genügend oder zu viele Tasks dem Produkt Backlog entnommen? Was haben wir gut gemacht, und was lief nicht so gut? Was Du hier ebenfalls analysieren kannst, ist das Tempo. Da Scrum auf Stundenbasis funktioniert und Sprints in Stunden oder Tagen gemessen werden, ist es wichtig, ersichtlich werden zu lassen, wie schnell die Teams arbeiten, um die Ressourcen gut einzuteilen. Oben ist beschrieben worden, wie das Tempo berechnet werden kann. Sollte das Team zu langsam sein, kann das an mangelnden Ressourcen liegen, an einer falschen Zusammensetzung, an zu vielen oder nicht wirklich fertig formulierten Produkt-Items oder eben auch an anderen weiteren Faktoren. Die Sprint Retrospektive ist der richtige Ort, um das zu analysieren.

Die Retrospektive kann von einem Teammitglied oder vom Scrum-Master geleitet werden. Es kann auch von Vorteil sein, wenn Du die Leitung rotieren lässt. An diesem Meeting nehmen nur die Mitglieder des Entwicklungsteams teil. Manche laden den Produkt-Owner ein, was Vor- und Nachteile haben kann. Je besser die Beziehungen zum Produkt-Owner, und je mehr Vertrauen man hat, umso sinnvoller kann es sein, ihn dabei zu haben.

Wie bei allen Scrum Aktivitäten sollte auch dies Retrospektive den Basisanforderungen genügen. Scrum-Meetings sind:

- mit einer klaren Zeitvorgabe versehen (timeboxed)
- zielorientiert
- aktionsorientiert

Das bedeutet, dass für das Meeting klar festgelegt wird, wie lange es dauert und diese Zeitvorgabe für alle Retrospektiven gilt. 90 bis 120 Minuten sind eine gute Zeit. Innerhalb dieses Zeitraums sollten folgende Themen diskutiert werden:

- Darstellung der Situation
- zusätzliche Informationen und Diskussion
- Entscheidungen zur Problemlösung
- Zusammenfassung

In manchen Scrum-Teams wirst Du erleben, dass auch diese Teile mit einem Zeitlimit versehen sind. Das kann das Team entscheiden, es sollte dann aber für alle Meetings gelten. Oftmals nimmt die Diskussion den größten Teil ein, die Zusammenfassung kann in wenigen Minuten erfolgen.

Du kannst die Retrospektive als eine Art Nachbesprechung wie in einer Fußballmannschaft verstehen. Selbst wenn man den Gegner besiegt hat, muss das Spiel analysiert werden, um noch besser werden zu können. Der Unterschied ist, dass es keinen Trainer gibt beziehungsweise der Scrum-Master zwar die Autorität hat, zu motivieren, aber eben keine Mannschaftsaufstellung vornimmt. Wer im Team welche Aufgaben übernimmt, wird gemeinsam festgelegt, und zwar zunächst in der Sprint-Planung. Im Verlauf eines Projekts kann es aber auch sein, dass es Veränderungen geben muss, und diese können in der Sprint Retrospektive festgelegt werden.

Oftmals wird gesagt, dass man die Mitglieder eines Entwicklungsteams besonders motivieren müsse, Ideen im Zuge der Retrospektive einzubringen. Dabei wird davon ausgegangen, dass Spezialisten zurückhaltend agieren und sich eher auf ihre Aufgaben konzentrieren, als das große Ganze zu sehen. Wenn die Teammitglieder diesem Bild entsprechen, hast Du die falschen ausgewählt. In einem Scrum-Team arbeiten Menschen, die eben nicht Fachidioten sind, sondern sogenannte T-Skills vorweisen. Das bedeutet, dass sie ein breites Wissen mitbringen (der obere Teil eines Ts), aber auch Spezialisten sind, die tiefer in die Materie einsteigen können (der senkrechte Teil). Ob Übungen wie Brainstorming, Mind-Mapping oder gar auflockernde Spiele notwendig sind, obliegt dem Team und dem Scrum-Master. Wichtig ist, dass das Meeting am Ende Ergebnisse liefert.

Produkt-Backlog-Items, die am Ende eines Sprint nicht done sind

Es wird immer wieder passieren, dass am Ende eines Sprints noch Items vorhanden sind, die nicht fertig geworden sind. Sie haben die Definition of Done nicht erfüllt. Das ist zwar etwas ärgerlich, aber keine Katastrophe. Wichtig ist, dass Du das zulässt. Was nicht wirklich done ist, kann nicht als solches erklärt werden, auch wenn der Zeitdruck groß ist.

Das Item wandert dann wieder ins Produkt-Backlog zurück und erhält eine neue Priorität. Dabei geht das komplette Item zurück, nicht nur der Teil, der nicht fertig wurde. Der Grund dafür liegt zum einen darin, dass ansonsten die Dokumentation verloren geht, zum anderen aber in der Größe und der damit verbunden Arbeit, die ohnehin bei der nächsten Sprint-Planung eingeschätzt wird. Aber auch hier gibt es keine feste Regel. Manche Scrum-Anwender finden es transparenter, wenn nur die verbleibende Arbeit als neues Item ins Produkt-Backlog wandert, andere machen das wiederum vom Einzelfall abhängig. Vielleicht war das Item zu groß und muss in mehrere Teile heruntergebrochen werden, weil die User Story nicht stimmte? Gleiches gilt für die Berechnung der Velocity: Sollen abgebrochene Sprints einfließen oder nicht?

Auf keinen Fall darfst Du in Scrum die unfertigen Items automatisch in den nächsten Sprint übertragen. Jeder Sprint wird neu geplant und startet mit einem leeren Blatt. Einziges Kriterium sind die Prioritäten im Produkt-Backlog. Hier kann übrigens auch überlegt werden, ob die vergebenen Story Points vielleicht falsch eingeschätzt wurden. Je nachdem, welche Kriterien für die Definition of Ready bestanden haben, müssen diese eventuell angepasst werden.

9. Wenn Scrum-Projekte scheitern

Oft genug kommt es vor, dass mit einem Scrum-Ansatz ein Projekt nicht erfolgreich abgeschlossen werden kann. Das kann verschiedene Ursachen haben, die hier zumindest noch kurz angesprochen werden sollen, damit Du nicht auch scheiterst.

Weil es alle machen

Scrum und Agile ist aller Munde, und gerade Start-Ups haben sie fast schon zu einer Religion erhoben. Kein IT-Berater, der nicht auch Scrum-Master ist und seine Dienste anbietet. Aber nur weil es alle machen, heißt das nicht, das Scrum für Dein Projekt richtig ist. Selbst wenn Du Software entwickelst, gibt es auch noch andere Methoden, Agile oder nicht, die zum Erfolg führen können. Was Du brauchst, ist ein Framework, mit dem Du Deine Ziele umsetzen kannst, das aber auch in Deine Umgebung passt.

Das Team passt nicht

Nicht immer kannst Du Dir ein Team aussuchen, in großen Unternehmen wirst Du mit den Entwicklern arbeiten müssen, die vorhanden sind und manchmal auch einen Produkt-Owner vorgesetzt bekommen, der das eigentlich nicht machen will. Wenn nicht alle an einem Strang ziehen, wird ein Scrum-

Projekt nicht erfolgreich sein. Manchmal liegt das auch an Persönlichkeiten. Zum Beispiel können die Entwickler zu sehr Eigenbrötler und es nicht gewohnt sein, anderen zu helfen. Es kann aber auch sein, dass sie überfordert sind, wenn sie bislang nach anderen Methoden entwickelt haben (und vielleicht zu Recht der Meinung sind, dass das auch von Erfolg gekrönt war). Du kannst zwar versuchen, ein Team zu trainieren und zu motivieren, aber manchmal passt es eben nicht.

Das Projekt ist falsch

„Wenn man nur einen Hammer hat, ist jedes Problem ein Nagel", sagt ein Sprichwort, und so kann das mit Scrum auch sein. Manche Projekte sind zu groß, um mit Scrum gemanagt zu werden und manche einfach von ihrer Zielsetzung her nicht geeignet. Du wirst mit Scrum keinen neuen Flughafen bauen können, und es macht wenig Sinn, für eine überschaubare Webseite mit klaren Definitionen ein Scrum-Team aufzusetzen. Gerade wenn es um sicherheitsrelevante Entwicklungen und Projekte geht, kann Scrum etwas zu lässig sein, was die Einhaltung von gesetzlichen Vorschriften betrifft. Es kann aber auch ein Scrum-Projekt bremsen, wenn diese Vorschriften zum Beispiel eine Dokumentation vorschreiben, die nach Scrum-Richtlinien kontraproduktiv und performancestörend ist. Wenn ein Kunde zu Dir kommt und schon alle Bilder, die Navigation und eine Vorstellung von Fonts und Farben hat, dann kann ein Entwickler das alleine umsetzen, ohne einen Scrum-Prozess zu starten.

Die Umgebung stört den Fluss

Scrum muss fließen (das ist in der Tat etwas, das es mit dem Wasserfall-Konzept gemein hat), und jede Störung kann sich negativ auf den Erfolg auswirken. In großen Organisationen kann es aber immer wieder zu Störungen kommen. Andere Abteilungen können zum Beispiel Teammitglieder abziehen oder anfordern, und dann musst Du Dein Entwicklungsteam neu aufstellen. Es kann passieren, dass Du plötzlich befördert wirst, was toll für Dich ist, für das Projekt aber bedeutet, dass es seinen Scrum-Master oder Produkt-Owner verliert. Es kann ein Audit geben, das auch laufende Prozesse untersucht, und, statt Sprints zu absolvieren, müssen Deine Entwickler Unternehmensberatern Rede und Antwort stehen. Viele solcher Prozesse kannst Du weder verhindern noch steuern. Es bleibt Dir in dem Fall nur, die Probleme zu lösen und in Deinen Charts nachzusehen, ob das Projekt noch gut läuft oder es durch die Störungen zur Verlangsamung kommt.

10. Scrum in anderen Branchen

Die Ursprünge des Agile Developments liegen im Lean Manufacturing, das vor allem aus der Autoindustrie kommt. Und so ist es nicht verwunderlich, dass Scrum auch in anderen Branchen als der Softwareindustrie eingesetzt werden kann. Ein Bereich, der ebenfalls sehr stark von Projektmanagement abhängig ist, ist die Bauindustrie. Jedes Bauprojekt steht vor den gleichen Herausforderungen wie eine Software. Es gibt viele kleine Einheiten, die geschaffen werden müssen, und es treten immer wieder neue Herausforderungen, Veränderun-gen und Änderungswünsche auf.

In der Schweiz wurde zum Beispiel Scrum beim Bau eines vierstöckigen Mehrfamilienhauses verwendet. Das führte sogar zu einer wissenschaftlichen Studie. Das Entwicklungsteam bestand aus drei Architekten, einemn Bauingenieur, einem Ingenieur, einem Buchhalter und einem Innenarchitekten. Was man hier anders machte, war, dass die Architekten und der Scrum-Master das Produkt-Backlog pflegten, was an Zeitproblemen des Owners lag. Ein Sprint dauerte zunächst 5 Werktage, man erkannte aber bald, dass das nicht reichte und verlängerte auf zwei Wochen. Es wurde mit Taskboards gearbeitet, vor allem mit der App Trello, die sich dafür recht gut eignet, vor allem, wenn nicht alle Teilnehmer physisch am gleichen Ort sind. Was in diesem Beispiel fehlte, waren die tatsächlichen Bauarbeiter. Man hätte zum Beispiel auch einen

Vorarbeiter einbringen können, aber es ging wohl mehr um die Planung als um die tatsächliche Umsetzung.

Auch in Krankenhäusern kann Scrum eingesetzt werden. Schon jetzt gibt es Gemeinsamkeiten. Jeder Patient ist ein kleines Scrum-Projekt. Die morgendliche Visite zum Beispiel kann auch als ein Daily Scrum verstanden werden, in dessen Rahmen alle Beteiligten ein kurzes Update zum Zustand des Patienten formulieren. Schon bei der Einlieferung haben alle Beteiligten eine Diagnose gegeben und einen Behandlungsplan erstellt. Im Krankenhaus sind Behandlungen selten lange, und man versucht das Bett so schnell wie möglich frei zu bekommen. Das heißt, dass man die Therapie ständig anpassen muss. Jede Therapieeinheit ist ein Task. Ob ein Sprint zwei Wochen dauert oder kürzer ausfällt, sollte im Einzelfall geprüft werden. Die Defintion of Done kann dann die Entlassung implizieren, wenn alle Blutwerte wieder in Ordnung sind oder der Knochenbruch wieder verheilt ist.

Ein anderes Beispiel sind Großhändler. Sie haben oft das Problem, Hunderte von Lieferanten mit dem eigenen System synchronisieren zu müssen. Vor allem, wenn man mehrere Filialen und Lagerhäuser hat, kann das schwierig werden. Scrum kann eine Hilfe sein, wenn man das Lagerhaus als Scrum-Projekt sieht. Hier gilt es nun den Lieferanten bestmögliche Bedingungen zu eröffnen. Jeder Lieferant ist ein Item im Produkt-Backlog (das zum Beispiel genauer durch seine Wünsche wie Lieferbedingungen definiert wird), und die Definiton of Done ist eine Checkliste, die Lieferanten erfüllen müssen, damit Anlieferungen ins Lager möglich sind (zum Beispiel Nachtanlieferung, Containergröße usw.).

Hier eine kleine Hilfestellung, wie Du zum Beispiel Scrum in kreativen Berufen, im Marketing oder sogar in Rechtsanwaltskanzleien einsetzen kannst:

1. Schreibe auf, welche Arbeiten gemacht werden müssen (das ist das Backlog).
2. Beschreibe diese Arbeiten kurz und prägnant (das sind die User Stories). Am besten eigenen sich dafür Karteikarten, die man an eine Korkwand pinnen kann.
3. Rufe alle Beteiligten zusammen und präsentiere ihnen die Wand mit den Karteikarten.
4. Diskutiert und entscheidet, welche Prioritäten gesetzt werden.
5. Entscheide, welchen Zeitraum ein Durchlauf (Sprint) umfassen soll. Am besten sind zwei oder drei Wochen.
6. Teile jetzt mit Deinem Team die Karteikarten nach deren Prioritäten auf. Es kann Dir bei solchen Projekten ein Kanban-Board helfen. Dieses besteht aus vier Spalten: To Do, In Progress, On Hold und Done.

7. Lasse nun die Karteikarten durch diese Spalten wandern, je nachdem, welchen Status sie haben. Die On-Hold-Spalte widerspricht zwar etwas dem Prinzip, dass ein unfertiges Items wieder in das Produkt-Backlog zurück wandert, kann aber bei kleineren und weniger umfangreichen Projekten eine Hilfe sein.

8. Halte auf jeden Fall eine tägliche Zusammenkunft ab. Eine Viertelstunde reicht, um alle auf einen gemeinsamen Wissensstand zu bringen und Probleme anzureißen.

9. Nach einem Durchlauf solltest Du mit dem Team besprechen, welche Probleme es gab und wie man sie vermeiden kann.

10. Nach einem Durchlauf sollten alle Stakeholder in einem Meeting besprechen, ob der aktuelle Stand des Projektes zufriedenstellend ist und ob man in diesem Tempo weiterarbeiten will.

11. Software für Scrum

Es wäre ironisch, wenn man für die Entwicklung einer Software mit Scrum keine Software nutzen könnte. Tatsächlich braucht man nicht wirklich technische Unterstützung, man kann das Projekt auch mit Zettel und Flipcharts durchziehen. Aber Du wirst schnell merken, dass es einfacher ist, ein geeignetes Programm zu haben.

Der Markt für Agile Software ist groß. Er reicht von Komplettpaketen bis hin zu reinen Zeiterfassungen oder Tasklisten.

Einer der führenden Anbieter ist **Axosoft,** der seine Software als SaaS und als hausinterne Lösung anbietet. Er offeriert Unterstützung bei der Erstellung und Abarbeitung des Produkt-Backlogs, hat aber auch ein eigenes Daily Scrum Tool. Es ist ein hervorragendes Werkzeug sowohl für den Scrum-Master als auch den Produkt-Owner. Seine Kollaborations-Schnittstellen machen es dem Team möglich, so viele Informationen wie möglich zu bekommen und auch in Form von Dokumentationen abzulegen. Firmen wie Boeing und Cisco nutzen es zum Beispiel.

VersionOne ist für Agile Developments entwickelt worden und kann auch für Scrum-Projekte verwendet werden. Es ist eine Art Cockpit für den Scrum Master und den Produkt-Owner, um Fortschritte zu erkennen und kann hervorragend Tasks verwalten. Seine Stärke sind Tools für die interne Kommunikation, die ein wenig an Social Media erinnern. Es handelt sich hier nicht um eine reine Scrum-Software, deswegen kann es sein, dass Du viele der Features gar nicht brauchst.

Yodiz ist in Finnland als spezielles Scrum-Tool entwickelt worden und hat schnell viele Freunde gefunden. Es ist eines der besten Werkzeuge, um Sprints zu planen, das Backlog zu pflegen und kann sogar mit Epics umgehen. Eingebaut ist außerdem ein Bug-Tracking-System.

Wenn Du Im Internet nach Scrum Software suchst, wirst Du viele Ergebnisse finden, aber sei gewarnt, Die meisten davon sind Projektmanagent-Tools, die auch irgendwie Agile und Scrum können. Eine große Gefahr besteht darin, dass man durch sie wieder in die alten Bahnen des Projektmanagements zurückgeleitet werden könnte, und das willst Du verhindern. Man muss allerdings den Wasserfall-Projekten zugestehen, dass einige versuchen, zumindest Elemente von Agile zu integrieren.

12. Zertifizierte Scrum-Master und Product-Owner

Weil gerade, wenn das erste Mal Scrum eingeführt wird, die Prozesse wichtig sind, halten Firmen oft Ausschau nach einem zertifizierten Scrum-Master oder Product-Owner, der das Projekt begleitet. Es gibt zahllose Anbieter, die Dich online wie offline zu einem zertifizierten Scrum-Leiter ausbilden. Die Frage ist aber, was diese Zertifikate bedeuten. Die Scrum-Alliance zum Beispiel bildet den *zertifizierten* Scrum-Master/Product-Owner aus, während Du bei Scrum.org zu einem *Professional* Scrum Master wirst, und beide Organisationen bieten für die jeweiligen Begriffe auch Markenschutz. Die gute Nachricht ist, dass sich beide nicht wesentlich voneinander unterscheiden. Bei den meisten Seminaren, die in Deutschland in Workshopform angeboten werden, handelt es sich um Trainings, die auf die Prüfung bei Scrum.org vorbereiten. Sie umfassen meistens einen Tag bis zwei Tage. Oftmals werden konkrete Beispiele bearbeitet, um von Anfang an ein Verständnis für die Arbeit mit Scrum zu vermitteln.

Wenn Du Professional Scrum Master (PSM) werden willst, kannst Du drei verschiedene Zertifikate erwerben, nämlich PSM I, PSM II und PSM III. Der erste Kurs bedeutet bei erfolgreichem Abschluss, dass Du grundlegende Kenntnisse in Scrum aufweist, eine klare Terminologie benutzt und weißt, wie man Scrum anwendet. Das PSM-II-Zertifikat beinhaltet ein tieferes Verständnis von Scrum und seinen Grundlagen sowie die Fähigkeit, Scrum auch in einer komplexen Umgebung anzuwenden. PSM III ist der Master aller Master: Jetzt kannst Du Scrum in allen Organisationen einführen und anwenden, komplexe Projekte bearbeiten und verstehst alle Aspekte von Scrum und die damit verbundenen Werte.

Für den Produkt-Owner gibt es den PROFESSIONAL-SCRUM-PRODUCT-OWNER-I- und den PROFESSIONAL-SCRUM-PRODUCT-OWNER-II-Kurs. In Ersterem lernst Du, wie Scrum funktioniert und welchen Wert Produkte haben. Du erfährst aber auch, wie Du Dich weiterentwickeln kannst. Als Produkt-Owner solltest Du mindestens dieses Zertifikat haben, um Kenntnisse nachweisen zu können. Das zweite Zertifikat bedeutet, dass Du umfangreiches Wissen erlangt hast, Scrum und das Produkt-Backlog verstehst und damit arbeiten sowie hochprofessionell ein Scrum-Projekt leiten kannst. Wer das Level II erreicht hat, gilt als absoluter Scrum-Produkt-Profi.

Du musst übrigens keine dieser Seminare besuchen oder ein Zertifikat haben, um in einem Scrum-Projekt zu arbeiten. Allerdings ist es sehr hilfreich, und gerade bei den Leitungs-Rollen achten Firmen heute immer nach einer Bestätigung dafür, dass jemand sein Handwerk versteht. Dieses Buch kann Dir zum Beispiel zur Vorbereitung dienen, um einen Test bei Scrum.org abzulegen. Ob Du Online-Kurse besuchst, einen Workshop absolvierst oder aufgrund Deiner Erfahrung gleich den Test ablegen willst, bleibt Dir überlassen.

14. Schlusswort

„Good is the enemy of great, but great
is the enemy of shipped."

Jeffrey Zeldman

Mit diesem Buch solltest Du die Grundlagen von Scrum gelernt und verstanden haben. Es kann als Vorbereitung auf den Test zum Scrum-Master und zum Produkt-Owner dienen, ist aber nicht für diesen Zweck geschrieben worden. Vielmehr ging es uns darum, Dir einen Überblick über diese Form der Software (oder Produkt-) Entwicklung zu geben. Wichtiger als jede Theorie ist die Anwendung. Du wirst mit jedem Projekt mehr über Scrum lernen und auch Deine eigenen Fähigkeiten als Scrum-Master, als Mitglied im Entwicklungsteam oder als Produkt-Owner verbessern. Jedes Projekt hat seine eigenen Anforderungen. Scrum wird Dir helfen, genau diese Anforderungen zu meistern, so dass Du ein System an der Hand hast, mit dem Du Deine ganze Aufmerksamkeit auf die Entwicklung eines großartigen Produkts lenken kannst.

Viel Spaß dabei!
Dein Markus Heimrath

PS: Wenn Du an diesem Ratgeber Gefallen gefunden hast, dann würde ich mich über ein kurzes Feedback auf Amazon sehr freuen.

Rechtliches und Impressum

Die Inhalte dieses Buches wurden anhand von anerkannten Quellen recherchiert und mit hoher Sorgfalt geprüft. Der Autor übernimmt dennoch keinerlei Gewähr für die Aktualität, Richtigkeit und Vollständigkeit der bereitgestellten Informationen.

Haftungsansprüche gegen den Autor, welche sich auf Schäden gesundheitlicher, materieller oder ideeler Art beziehen, die durch Nutzung oder Nichtnutzung der dargebotenen Informationen bzw. durch die Nutzung fehlerhafter und unvollständiger Informationen verursacht wurden, sind grundsätzlich ausgeschlossen, sofern seitens des Autors kein nachweislich vorsätzliches oder grob fahrlässiges Verschulden vorliegt. Dieses Buch ist kein Ersatz für medizinische und professionelle Beratung und Betreuung.

Auflage 01/2018

Kontakt: Tim Ong/ Türkstr. 4/ 30167 Hannover
Coverfoto: bakhtiar zein/shutterstock.com
Formatierung: Markus Heimrath

23563289R00059

Printed in Poland
by Amazon Fulfillment
Poland Sp. z o.o., Wrocław